THOMAS HERMANNS

Das Tomatensaft Mysterium

W0072327

Buch

Es gibt so viele Fragen in der wilden Welt über den Wolken: Warum legen zum Beispiel alle Reisenden ihr schweres Handgepäck genau in dem Moment in die Fächer über dem Sitz, in dem die Stewardess das Gegenteil verlangt? Warum steht man so lange in einem Bus auf dem Boden herum, obwohl man doch eigentlich fliegen will? Warum steckt ein gutbetuchter Business-Class-Flieger oft schnell und hektisch viele Umsonst-Erfrischungstücher ein und freut sich darüber? Und warum trinken so viele Menschen im Flugzeug Tomatensaft, die sonst nie Tomatensaft trinken?

In Stand-up-Comedy-Manier erzählt Thomas Hermanns von seinen Erlebnissen beim Fliegen, vom Ticketkauf bis zum verlorenen Koffer, vom Einchecken mit Übergepäck bis zur Landung auf einem Miniflughafen. Und er gibt Tipps, wie man im oft hektischen Flugverkehr die Ruhe behält, damit man in der Luft nicht in die Luft geht!

Autor

Thomas Hermanns ist Showmacher und Experte für Popkultur. Er erfand den Quatsch Comedy Club, moderiert die gleichnamige TV-Show und zahlreiche große TV- und Live-Events. Er ist unter anderem Gewinner der Goldenen Kamera und bekam bisher dreimal den Deutschen Comedy Preis verliehen. 2009 erschien sein erstes Buch »für immer d.i.s.c.o.« und das gleichnamige Hörbuch.

Thomas Hermanns

Das Tomatensaft Mysterium

Fliegen
in der Comedy Class

GOLDMANN

Umwelthinweis:
Alle bedruckten Materialien dieses Buches
sind chlorfrei und umweltfreundlich.

3. Auflage
Originalausgabe März 2010
Copyright © 2010 by Wilhelm Goldmann Verlag, München,
in der Verlagsgruppe Random House GmbH
Umschlaggestaltung: Uno Werbeagentur München
Umschlagfoto: Stephan Pick
BH · Herstellung: Str.
Satz und Layout: DTP im Verlag Sabine Frohmader
Druck und Bindung: CPI – Clausen & Bosse, Leck
Printed in Germany
ISBN: 978-3-442-47262-8

www.goldmann-verlag.de

Inhaltsverzeichnis

WELCOME ON BOARD!

Nur Fliegen ist schöner – hieß es früher. Heutzutage ist ein einfacher Flug von A nach B, ob Urlaubs- oder Berufsflug, jedoch eher ein Hindernislauf als ein luxuriöses Dahintreiben-lassen. Der Aufforderung der Stewardess, »Sit back and relax!«, ist schwierig nachzukommen, denn wenn man zum Beispiel versucht, den Sitz zurückzuklappen, und zwar die ganzen 0,5 Zentimeter, die überhaupt möglich sind, entspannt das erstens gar nicht und führt zweitens auch oft dazu, dass dem Hintermann der Tomatensaft von seinem Klapptisch über die Hose kippt und hinter einem wütendes und unentspannendes Geschrei ausbricht. Und damit sind wir beim größten Mysterium der Lüfte: dem Tomatensaft! Warum trinken so viele Menschen im Flugzeug Tomatensaft, die sonst nie Tomatensaft trinken? Warum nicht Apfel- oder Orangensaft? Was bedeutet das? Es gibt so viele Fragen in der wilden Welt über den Wolken: Warum legen zum Beispiel alle Reisenden ihr schweres Hand-gepäck genau in dem Moment in die Fächer über dem Sitz, in dem die Stewardess das Gegenteil verlangt? Und warum den-ken diese Menschen, dass die Stewardess das nicht bemerkt, wenn sie sie in diesem Moment nicht anschauen? Warum steht man so lange in einem Bus auf dem Boden herum, wenn man doch eigentlich fliegen will? Warum steckt ein gutbetuchter Business-Class-Flieger oft schnell und hektisch viele Umsonst-Erfrischungstücher ein und freut sich darüber? Und warum steht an jeder Flugzeugeingangstür auf Englisch, dass die Tü-ren bei Start und Landung geschlossen sein müssen? Wissen die Flugbegleiter das etwa nicht? Müssen sie wirklich durch einen kleinen Aufkleber jedes Mal daran erinnert werden? Sollten sie dann überhaupt Tomatensaft ausschenken dürfen?

Dieses Buch eines Vielfliegers möchte das Reisen mit dem Flugzeug erleichtern und vergnüglicher machen. Für alle Seiten. Denn auch die Flugbegleiterinnen und Flugbegleiter sind oft sehr müde, wenn sie zum 300 000. Mal die Security Show vorführen müssen. Und kaum einer hinguckt. Es ist ein Buch für gegenseitiges Verständnis im Flieger, für den Spaß an der Reise und für das Kichern zwischendurch. Mein persönliches Smiles & More-Programm. Now sit back – and really relax!

Kapitel 1

BERLIN – HAWAII: NEUNZEHN EURO
(Die Buchung)

E s kann ja gar nicht sein. Es ist völlig unmöglich. Es gibt ja auch kein Cartier Diamantenkollier für 5 Euro 50. Oder eine Yacht für 120 Euro. Und trotzdem jubilieren uns seit einigen Jahren plötzlich in ganz Deutschland Plakate Preise für Flüge zu, wie sie die Welt noch nicht gesehen hat. Früher gab es überhaupt keine Plakate mit Flugpreisen drauf. Wenn eine Airline mit Plakat warb, dann mit einer freundlich lächelnden Stewardess oder breiten Sitzen, aber nicht mit Preisen. Flüge hatten einen Preis und das war es. Aber nun leben wir ja im Zeitalter der sogenannten Billigflieger, der Schnäppchen-Shuttles, den auf Englisch so nett benannten »No Frills Airlines«-Luftlinien ohne Extras. Und das kann man wörtlich nehmen. Aber dazu später mehr.

Zunächst einmal hat sich aber durch das neue Preisbewusstsein der Anfang jeder Reise, der Buchungsvorgang eines Fluges, grundlegend verändert. Verändert von dem Anruf bei oder dem Besuch in einem Reisebüro hin zum mehrtägigen Internet-Marathon mit erheblichen Gefahren für Gesundheit, Partnerschaft und Haustiere. Da wir nun selber auf jeden Fall den günstigsten Preis für einen Flug »schnappen« wollen, müssen wir jetzt auch selber arbeiten. Und deshalb gibt uns heute schon der Erwerb eines Flugtickets den Vorgeschmack auf die grundsätzliche Umschiftung von unserer alten Position des »Kunden« zur neuen Position des »Mitarbeiters«. Oder um es anders zu sagen: Wenn ich mein Ticket selber finde, buche und ausdrucke, die Koffer beim Einchecken selber beklebe und aufs Band setze, mir mein Essen und Trinken für das Flugzeug selber mitbringe und dann selber meine Musik in meine Ohren stöpsele, damit ich nicht zum 1000. Mal »I believe I can fly« von R. Kelly hören muss – darf ich dann vielleicht auch irgendwann alleine das Flugzeug fliegen? Oder muss ich das dann sogar? Sollte ich deshalb eventuell jetzt schon einen Pilotenschein machen?

Die Ticketsuche im Internet: Zuerst ist ja alles ganz schick und modern. Ich sitze zu Hause, voll Vorfreude auf meine Reise und vor mir die vielen bunten Seiten mit Angeboten. Ich atme durch – und fange an zu arbeiten. Denn jetzt kommt das erste Problem: Es gibt zu viele Seiten. Mit zu vielen verschiedenen Anbietern von verschiedenen Tickets von verschiedenen Airlines. Und auch übergeordnete Serviceseiten mit mehreren Airlines im Programm haben nicht ALLE Airlines im Programm. Und dann bald die erschreckende Wahrheit: Keine Seite hat ALLE Airlines im Programm. Das heißt für eine beliebte Strecke wie Frankfurt – New York gibt es schon grundsätzlich zehn Multi Airlines-Seiten plus natürlich die ganzen einzelnen Seiten der einzelnen Fluglinien. Und was, wenn Pakistan Air auf dieser Strecke in Frankfurt einen Zwischenstopp macht und einzelne Gäste noch für die Strecke Dehli – New York dazulädt? Wo finde ich das denn?

Mein Tipp schon an dieser Stelle: Wenn Sie nicht Millionär oder arbeitslos sind, also grundsätzlich über viel Zeit verfügen, oder wenn Sie das Internet nicht per se lieben und gerne viel Zeit darin verbringen, weil Ihnen die reale Welt heute sowieso schon zu kalt und bedrohlich ist, oder wenn Sie grundsätzlich noch eine Art von Privatleben besitzen – SCHALTEN SIE AN DIESER STELLE DEN COMPUTER AUS! JETZT! Rufen Sie ein Reisebüro Ihrer Wahl an, am besten das kleine niedliche um die Ecke, wo freundliche Menschen den ganzen Tag unter Postern von Angkor Wat oder den Seychellen sitzen müssen, ohne je da gewesen zu sein. Und dann sagen Sie: »Einmal Frankfurt – New York bitte, die billigste Möglichkeit!« Und legen auf. Und gehen dann mit dem Hund raus, kochen Lasagne oder rufen Ihre Mutter mal wieder an. Leben Sie!

Versuchen Sie NICHT UND UNTER KEINEN UMSTÄN-DEN selbst das günstigste Angebot herauszufinden! Versuchen Sie NICHT, den Unterschied zwischen den New Yorker Flug-häfen JFK, La Guardia und Newark zu begreifen inklusive Fahrtzeiten nach Manhattan! Versuchen Sie NICHT sich vor-zustellen, Sie würden die zehn Stunden Flug auch mit einem Mindestabstand zwischen Sitz und Vordersitz überstehen und Ihr Essen selbst mitbringen, und drücken Sie UNTER KEI-NEN UMSTÄNDEN auf diesen blinkenden Button »Jetzt Up-grade zur First???«! Sie werden 24 Stunden später schweißge-badet und mit zitternder Hand in Ihr Bett sinken mit Worten wie »Special Last Minute Rate«, »Special Last Minute Special Rate« und »Special Special Rate« im Kopf. Vor allem: Sie wer-den an Ihrer potentiellen Ersparnis selber mindestens zwölf Stunden real gearbeitet haben. Hätten Sie in Ihrem Job einen Minimalstundenlohn von 7 Euro 50, hätten Sie also schon circa 100 Euro verballert! Studienräte und Immobilienmakler haben in der gleichen Zeit quasi schon das Geld für den ganzen Flug investiert! Und Sie haben nicht nur Zeit und Geld verbraucht, sondern vor allem wertvolle Nerven durch so besondere und besonders unschöne Internet-Booking-Phänomene wie dem berühmten »dreifachen Abbruch«.

»Der dreifache Abbruch« ist so etwas wie der misslungene dreifache Rittberger bei einer Buchung im Netz. Es ist immer dieser bestimmte Moment, in dem Sie DENKEN, dass Sie al-les geleistet haben: Sie haben den perfekten Flug für Ihre Be-dürfnisse gefunden, Sie haben ALLE Ihre Daten eingegeben –

inklusive der letzten Pockenimpfung und der Schuhgröße Ihres ehemaligen Mathematiklehrers – und Sie haben sogar ganz hinten im Ordner diese eine Meilensammelkarte von Air India gefunden, auf die Sie vor zwölf Jahren schon mal ein kostenloses Startguthaben von 50 Meilen eingetragen bekommen haben und auf der ja dann gleich so richtig viele frische Meilen dazukommen – und dann blinkt es auf einmal! Es blinkt und sagt Sachen wie »Ungültige Eingabe!« oder »Überprüfen Sie Ihre Daten!« Und Sie gehen auf den Seiten zurück, und kleine Sternchen oder Häkchen leuchten da auf, wo NOCH ETWAS FEHLT oder ETWAS NICHT STIMMT, und Sie werden nervös. Denn oft läuft neben diesem blinkenden Vorwurf auch noch ein Countdown ab. »Sie haben noch zehn Minuten, um Ihre Buchung zu vervollständigen«. Oder Sie sehen sogar ein kleine Uhr mit kleinen Ziffern, die Sie antreibt: »Buchung inkorrekt!« … »Buchung noch nicht erfolgt.« Schön wäre die ehrliche Meldung: »Die letzten zwei Stunden Ihres Lebens waren völlig für den Arsch!« Aber nein, jetzt geht der Wettlauf los, Mensch gegen Maschine, Erfinder gegen Erfundenes, Norbert gegen das Netz. Wo fehlt noch was? Ach ja, die Schuhgröße des Mathelehrers musste in englischer Größe angegeben werden, da wird jetzt die Zahl 44 nicht akzeptiert, sondern nur 11 ½. Und bei der Impfung fehlen noch Name und Körbchengröße der damals impfenden Krankenschwester. Und dann ist man sich nicht mehr ganz sicher, soll man sie jetzt persönlich anrufen oder rät man einfach? O Gott, die Meilensammelnummern bei Air India haben jetzt alle eine Null vorne dran, kann man diese Null selbstständig setzen, oder wird man dann beim nächsten Zwischenstopp in Mumbai verhaftet? Und WARUM BLINKT DAS IMMER NOCH, OBWOHL KEINE STERN-CHEN MEHR DA SIND? Und warum tut sich jetzt gar nichts mehr? Und warum steht jetzt auf einmal da: EINGABEZEIT-

RAUM ABGELAUFEN. BITTE BEGINNEN SIE DEN BU-CHUNGSVORGANG ERNEUT. Gefolgt von der größten denkbaren Beleidigung in diesem Moment: WIR DANKEN IHNEN FÜR IHREN BESUCH!!! SO möchte ich niemanden besuchen! Wenn ich jemanden besuche, muss ich nicht zuerst etwas ausfüllen! Wenn ich jemand besuche, bekomme ich einen Kaffee! Und wenn ich bei einem echten Besuch Sternchen sehe, dann nur aus Spaß und Trunksucht!

Ich kenne Fälle, bei denen Menschen in solchen Momenten ihren Laptop an die Wand geworfen haben. Aber das macht den Flug auch nicht billiger. Apropos billiger – selbst wenn Sie zu den glücklichen und Internet-geschulten Menschen gehören, denen der »dreifache Abbruch« noch nie passiert ist (das sind zum Beispiel alle Menschen unter 16 Jahren), kommen Sie beim Online-Booking auf alle Fälle in den Genuss des Spieles »Finde die Extragebühr!«. Auch dieses Spiel ist etwas für absolute Könner! So geht es: Im Verlauf Ihrer Buchung kommen immer wieder kleine Kästchen auf Sie zu, die Sie ankreuzen müssen à la »Habe akzeptiert, dass« oder »Mir ist jenes bewusst«. Und nach dem Ankreuzen gibt es dann Extragebühren, von denen Sie bis dahin noch nie gehört haben! Kreditkarten-Nutzunggebühren (man könnte ja auch zu Hause an seinem Küchentisch cash bezahlen …), Flughafengebühren (man könnte ja auch zu Hause abfliegen …) oder mein absoluter Favourite: Online-Booking-Gebühren! Man zahlt dafür, dass man alles selber macht! Ich nenne diese Gebühr die »Maso-Gebühr« – man ist selber schuld, und das findet man ganz toll!

HIER EIN PAAR VORSCHLÄGE FÜR GEBÜHREN, DIE MAN BEI EINER ONLINE-FLUGBUCHUNG NOCH EINFÜHREN KÖNNTE:

1. Die Server-Nutzungsgebühr – man belegt ja gerade den Server der Fluglinie, und das kostet.
2. Die Travel-Center-No-Job-Soli-Gebühr – man nimmt ja gerade einem Reisebüromitarbeiter den Job weg, und das kostet.
3. Die »Ich bin zwar eine Maschine, aber ich habe auch Gefühle«-Gebühr – man macht alles falsch, der Computer ist gestresst, und das kostet.
4. Die Airport-Verschmutzungs-Gebühr – Ihre Anwesenheit am Flughafen verunreinigt das ganze schöne Gebäude, und das kostet.
5. Die Piktogramm-Gebühr – Grafiken im Netz wie Belegungspläne in Flugzeugen oder Lagepläne von Newark sind aufwendiger in der Gestaltung, und das kostet.
6. Die Print-out-Gebühr – viele kleine Menschen in Ihrem Drucker zu Hause müssen schwarzen Kohlestaub auf Druckwalzen schippen, und das kostet.
7. Die Gebühr-Gebühr – von nichts kommt nichts, und das kostet.
8. Die Verdummungs-Gebühr – glauben Sie wirklich, Sie kommen für 19 Euro von Berlin nach Hawaii? Das kostet.
9. Die »Wir wissen noch nicht warum«-Gebühr – die Zukunft ist voll von unvorhersehbarer Gebühren, und das kostet.
10. Die Cancellation-Blues-Gebühr – wenn Sie auf die Reise verzichten, sind wir bei der Airline ganz traurig, und das kostet.

Die ideenreichste Fluglinie der Welt beim Thema Gebühren dürfte der irische Billigflieger Ryanair sein. Laut Presseberichten überlegte die Airline ernsthaft, eine FAT TAX für übergewichtige Passagiere einzuführen und kam gleich darauf auf die Idee, eine Extragebühr für die Klobenutzung im Flugzeug zu verlangen – eine Art PIPI TAX. Beides wurde noch nicht umgesetzt, aber die kreativen Köpfe bei Ryanair denken weiter – wenn sie nicht gerade den alljährlichen Pin-up-Kalender ihrer Stewardessen in Bikinis herausbringen (natürlich für Charityzwecke …) – zurzeit denkt man über Stehplätze (!) im Flugzeug nach …

Zurück zum Buchungsspaß: Den allergrößten Fun beim Buchen kann man heute haben, wenn man auf die Idee kommt, seine wohlverdienten Meilen gegen einen Freiflug einzutauschen. Dafür hat man sie ja gesammelt. Und gerade die zwölfstellige Nummer eingetippt. Und die Brieftasche mit diversen Karten ausgebeult. Aber jetzt wird es ganz schwierig, denn wir begegnen hier einem der wichtigsten Wörter beim Booking und auch schon gleich einem der mysteriösesten: dem KONTINGENT. Oh, das Kontingent! Das Kontingent, um es mal ganz klar zu sagen, ist einfach nur eine Menge, die sich sprachlich wichtig macht. Quasi die Zicke, die Paris Hilton der Mengenlehre. Denn ein KONTINGENT ist natürlich nicht nur eine normale Menge, nein, es ist eine quasi von oben (Gott?) definierte Menge, die auf ewig schwanken kann, verschwinden, auftauchen oder sich sonst wie wichtig machen. »Ich habe da kein Kontingent!« ist das telefonische Mantra jeder Sachbeabeiterin, bei der man seine Meilen einlösen möchte, die damit eigentlich ausdrücken will: »Dafür gebe ich Ihnen kein Ticket!« Aber anstatt zu sagen: »Dafür gebe ich Ihnen kein Ticket«, bemüht sie »La Kontingenta«, eine launische und verspielte Göttin, mit der wirklich nicht zu spaßen und selten zu rechnen ist. Ich habe einmal den Scherz versucht »Dann sind Sie ja jetzt quasi inkontingent!«, was leider trotz Wortspielhumor auch nicht zum verdienten Upgrade von Economy zur Business Class führte.

Auf den Flügen, für die Sie Ihre Meilen einlösen wollen, gibt es meistens einfach keinen Platz. Aber es gibt ja andere Möglichkeiten: Sie könnten statt nach New York ja nach Bremen fliegen! Oder – und das ist mein Lieblingsangebot der telefonischen Kontingent-Sklavinnen – statt Flugvergünstigungen einen schicken Gegenstand bekommen. Eine Reisetasche zum Beispiel. Oder ein Flugzeugmodell. Nun denke ich immer, dass die meisten Leute, die durch ihre Meilen einen Freiflug oder ein Upgrade erreichen möchten, schon eine Reisetasche besitzen. Und ein Flugzeugmodell nicht brauchen, sie wollten ja fliegen und nicht spielen. Mein traurigstes inneres Bild dazu ist ein nervlich zerrütteter Online-Bucher, der an seinem Küchentisch sitzt und statt in New York zu sein mit zitternden Händen mit einem Flugzeugmodell Boeing 707 »Fliegen nach New York« spielt. Und dabei murmelt: »Gib mir Kontingent!«

MEINE FÜNF LIEBSTEN NAMEN VON MEILEN-SAMMELSYSTEMEN:

1. Reward$ - Air Namibia (ehrliches Wortspiel)
2. Flying Blue – KLM (etwas traurig)
3. Enrich – Malaysia Airlines (etwas gierig)
4. Victoria – TAP Portugal (oh, siegreicher Meilensammlerheld!)
5. Miles & Smiles – Turkish Airlines (man kann auch Lächeln sammeln, die braucht man auch bei TA, die lächeln nämlich nie)

Manchmal gibt es natürlich auch einen ganz einfachen Grund für den Auftritt der Göttin La Kontingenta – denn wenn alle Meilensammler einer Airline auf einmal ihre Meilen einlösen würden, wäre die Airline pleite. Man schätzt, dass weltweit Bonusmeilen im Gesamtwert von 700 Milliarden US Dollar angespart sind.

DESHALB HIER ZWEI KONKRETE VORSCHLÄGE:

1. Wie wäre es, wenn wir alle gleichzeitig unsere angesparten Bonusmeilen spenden und zum Beispiel 700 Milliarden in Afrika investieren würden?
2. Wie wäre es, wenn wir alle wieder in ein Reisebüro gingen?

Erinnern Sie sich doch mal an Ihren letzten Gang ins Reisebüro. War es nicht ein liebenswertes, leicht angestaubtes Biotop voller deutscher Gemütlichkeit? Der Farn in der Ecke, die vergilbten Plakate, der abgestandene Kaffee, die IKEA-Klappstühle, die Stapel von dicken, schweren Broschüren aus der Zeit vor dem Internet, die vier Ansichtskarten von Kunden aus fernen Ländern, die in Guatemala nichts Besseres zu tun hatten, als ihrem Reisebüro zu schreiben, das Poster mit der fast nackten brasilianischen Sambatänzerin direkt hinter dem Kopf der unattraktivsten Mitarbeiterin: Ist das alles denn nichts wert? Ich bin für die Erhaltung dieses Biotops! Es schützt unsere Nerven, es schützt Arbeitsplätze und – die IKEA-Klappstühle haben inzwischen in den Reisebüros oft Kontingente frei! Und jetzt kommt der Clou – Sie zahlen im Reisebüro nicht mehr als online, denn auch online wird ja der Service mitberechnet. Obwohl Sie SELBER das meiste des

Services abarbeiten! Deshalb meine Forderung:
Support your local travel agent!

HIER MEINE FÜNF LIEBSTEN DEUTSCHEN REISEBÜRONAMEN:

1. Faszinatour – Achtung, Wortspiel!
2. Croliday-Reisen – Achtung Wortspiel 2: Urlaub in Kroatien!
3. 5vorflug – apokalyptisch!
4. McPfennig – eine Figur aus Asterix
5. Troll-Tours – hoffentlich das Ziel, also Island, und nicht die Mitarbeiter

Auch wenn Sie eine ganz spezielle Flugreise buchen möchten, wie zum Beispiel vegetarische Wochenend-Trips mit Landschaftsmalkurs im nördlichen Patagonien, haben Sie in Ihrem Reisebüro einen echten Menschen, den Sie dazu nerven und live befragen können. Und der, ohne mit der Wimper zu zucken, für Sie zu suchen anfängt! Ohne Absturz! Und Sie haben sehr viel Nerven gespart – und die brauchen Sie ja spätestens beim Einchecken.

Kapitel 2

JA, DAS IST NOCH HANDGEPÄCK!
(Der Check-in)

Wenn man sich fragt, wo das Mysteriöse bei einer Flugreise beginnt, in welchem Moment man wirklich das Gefühl hat, den Bereich des Rationalen zu verlassen und den des Irrationalen zu betreten, an welchem Punkt also der Bereich »Mutti hat alles dabei« übergeht in den Bereich »Die sieben dunklen Tore der dritten Ebene öffnen sich«, dann ist es für mich der Moment, in dem man beim Check-in-Schalter ankommt. Eben noch war man aufgeregt und reiselustig, also ein normaler Mensch – Kinder quengelten, U-Bahnen hatten Verspätung, Teenager hatten ihr Lieblingssweatshirt vergessen, Vielflieger ihre Kofferanhänger beschriftet – aber in dem Moment, in dem man den Flughafen erreicht und suchend durchschritten hat und schließlich vor dem Check-in-Schalter landet, wird alles ganz anders. Hier beginnt ein sakraler Bereich, das merkt man ganz deutlich. Hier thront an einem Ende eine Gralshüterin oder ein Gralshüter in Uniform, und vorne stehen normale Sterbliche, die Einlass begehren ins Wunderland des Fliegens. Und wir merken auch gleich: Das wird nicht einfach werden! Es wird vielleicht sogar nicht allen hier gelingen, einige werden eventuell zurückbleiben, wie in einem schlechten Western, und mit einem gehauchten »Fliegt nur ohne mich! Ich halte euch doch nur auf!« über ihrem mühsam gepackten Koffer zusammenbrechen. Denn es ist ein äußerst kompliziertes System, das sich da vor einem aufbaut. Es gibt überall Schilder und Anweisungen, die einem das Gefühl geben, dass man jetzt den Status als mündiger Bürger verliert und in den Luftverkehr-Status als menschliches Gepäck übergeht.

Da gibt es zum Beispiel das Mysterium »Quick Check-in«-Automaten. Wie im Internet heißt hier »Quick« nichts anderes, als dass man alles selber machen muss: eintippen, Gepäck-zettel ausdrucken lassen, ankleben – und dann muss man das Gepäckstück doch noch zum Schalter tragen und abgeben. Quick? Nein – Mystery! In London-Gatwick gibt es neben dem Check-in-Schalter »Baggage Drop-Off« einen Schalter mit dem Schild »Unaccompanied Children Drop-Off« – wo ich immer kleine Kinder vor mir sehe, die auf dem Gepäcklaufband wei-nend ins Nichts fahren … Mystery!

Oder die von mir so benannte Mäander-Schlange. Das ist dieses amerikanische Wartesystem mit einer einzigen Schlange statt verschiedener, die die Menschen mäanderförmig durch einen Absperrungsparcours schickt, um sie dann am Ende wie-der auf die einzelnen Schalter aufzuteilen. Dieses System hat sich in Deutschland in vielen Bereichen durchgesetzt, auch bei diversen Banken und Postämtern, weil es grundsätzlich schnel-ler ist. Und trotzdem widerstrebt es dem Menschen, Muster zu laufen. Der Mensch an und für sich läuft gerne geradeaus zum Ziel, besonders, wenn sich hinter dem symbolischen Erstziel »Schalter« eigentlich das wahre und hart verdiente Ziel »Mallor-ca« oder »NewYork« verbirgt. Dann will man los! Dann hat man es eilig! Aber durch die Flughafensportart »Mäandern« muss man nun erstmal rechteWinkel laufen wie eineTestratte bei ei-nem besonders doofenTest.Wenn alle im Mäander stehen, geht das noch. Dann hat man schön Zeit, Gepäck und Optik der Mitreisenden zu studieren und sich auf den gemeinsamen Flug einzustimmen. Man durchläuft die ganze Skala der Gefühle von »Hoffentlich sitze ich NICHT neben DEM!« bis »Wie setze ich mich GESCHICKT neben DIE?«, und man kann auch ge-

gebenenfalls eine aggressive Entwicklung im modernen Handgepäck beobachten oder sogar selber schmerzlich erleben – den Trolley als Waffe!

EXKURS: DER TROLLEY ALS WAFFE

Ja, Handgepäck mit Rollen drunter ist praktisch. Ja, niemand möchte sein Handgepäck mehr selber schleppen beim Zustand der modernen Bandscheibe. Und ja: Manchmal sieht so ein Köfferchen mit Rädern unten dran auch schick aus, besonders bei attraktiven Flugbegleiterinnen, die das Ding elegant durch den Terminal schieben wie die Models neben Leonardo di Caprio in dem Film »Catch me if you can«. Aber, liebe Trolley-Fans, nein, NEIN und DREIFACH NEIN – ein solcher Koffer dient nicht dazu, seinen persönlichen Bereich nach vorne und hinten auszudehnen und so zu tun, als merke man es nicht! Oder, um es weniger tanzpädagogisch zu formulieren: Rammt die Dinger bitte nicht in unsere Fersen oder Zehen wie Einkaufswagen-Panzer an verkaufsoffenen Sonntagen! Bleibt nicht plötzlich stehen und lasst uns auflaufen! Schiebt das Ding nicht unvermittelt von der Seite in unseren Weg, sodass wir nur stolpern können! Und bitte: Schwenkt das Ding nicht um euch herum, als müsstet ihr Land markieren, weil anscheinend plötzlich Teile des Flughafens verkauft werden! Wir sehen euch, wir sehen, das Teil und IHR GEHÖRT ZUSAMMEN! Ein Mensch, ein Arm, ein Koffer mit Rädern! Wäre vielleicht ein schönes Lied für Xavier Naidoo, jedenfalls …

Der Mensch steht wirklich komplett ratlos vor so einem oben beschriebenen Mäander-Absperrlabyrinth, wenn dieses LEER ist. Denn jetzt kommt er in einen genetischen Konflikt: Er möchte geradeaus aufs Ziel, aber der Flughafengott ruft ihm von oben zu: LAUF MUSTER! Mach mir die Freude!

Quadrille, s'il vous plaît! Und so läuft man los, mit oder ohne Trolley, links rum, rechts rum, links rum unter dem freundlich lächelnden Blick der Person vorne am Schalter, den man in dem Fall nur als hämisch deuten kann. »Kommen Sie ruhig näher! (inneres Kichern)«, scheinen sie uns zuzurufen, »wenn Sie können …« Links rum, rechts rum, links rum. Ich denke immer an den Film »Der Elefantenmann«: »Ich bin kein Tier, ich bin ein menschliches Wesen!« Links rum, rechts rum. Das ist Squaredance, obwohl man gar nicht in die USA fliegt! Aber es geht ja so viel schneller …

Tut es nicht! Schneller ginge es, wenn ich geradeaus gehen dürfte! Aber dafür gäbe es nur zwei Möglichkeiten: Entweder ich tauche unter den Bändern durch, dann bin ich erstens Anarchist, und zweitens sieht es sehr albern aus, wie eine verbotene Figur beim Butterfly-Schwimmen – der berüchtigte »Delphin mit Koffer«. Oder ich wage es – und hier erkennt man Helden und/oder Vielflieger – und ÖFFNE SO EIN ABSPERRBAND! Ich sage aber gleich: Das ist nur etwas für Todesmutige! Ich habe schon vielfliegende Lufthansa-Senatoren, die ganze Konzerne leiten, zaudern sehen bei dem Gedanken »DARF ICH EVENTUELL DAS BAND ÖFFNEN?« Denn wenn man genau hinsieht – und die Zeit hat man ja oft, wenn man in der Mäanderschlange steht –, weiß man, dass man nur am Ende des Bandes so einen Nupsi zusammendrücken muss, und dann kann man das elastische Band aus dem Ständer nehmen und sogar elegant hinter sich wieder reindrücken. Wenn man das jetzt aber bei acht Bändern tut, sieht man auch wieder aus wie eine Ballerina bei »Spiel ohne Grenzen« – elegant, ja, mutig, ja, aber auch leicht irrsinnig. Und dann noch mehr Fragen: Lässt man jetzt die anderen Mäandertaler hinter sich mit durch? Schließt man sich vielleicht sogar zu einer Volksbegehren »NMDM – Nieder mit dem Mäander« zusammen? Hat die französische Revolution vielleicht so an einem Flughafen angefangen? Es ist ein Spiel, das man fast nicht gewinnen kann.

Und während man sich das alles überlegt – oder vielleicht bin es ja auch nur ich –, kommt der eine Mann, der das alles entkrampfen kann. Der coolste Mitarbeiter des Bodenpersonals. Der Terminator des Check-ins: der Mann, der DIE BÄNDER AUFMACHEN DARF! Ist Ihnen das auch schon mal passiert? Sie stehen vor dem leeren Mäanderlabyrinth und denken gerade »Ich möchte nicht Squaredance tanzen!«, und wie aus dem Nichts erscheint vor Ihnen ein freundlicher Mann in Uniform – und ÖFFNET DAS BAND! Diesem Mann könnte ich immer um den Hals fallen! Er hat so was zwischen Türsteher vom »Studio 54« und Engel, denn er macht es uns allen einfacher, schneller – und menschlicher! Wir bewahren die Würde, wir dürfen geradeaus gehen, wir müssen uns nicht ducken und auch nicht eine Revolution anzetteln – wir gehen einfach auf den Schalter zu. Auch wenn seine job description sich wahrscheinlich etwas simpel liest (erforderliche berufliche Fähigkeiten: Band auf- und zumachen, Stärken: Band auf, Schwächen: Band zu) – dieser Mann oder diese Frau sind meine Helden! Völker, öffnet die Bänder aller Länder! Oder lasst uns einfach wieder normal Schlange stehen.

Denn wir haben am Check-in ja noch so viel Aufregendes vor uns. Wir müssen überlegen, ob wir auch wirklich unser/en Ticket/Ausdruck/Ausweis dabeihaben. Wer von einem Paar hatte denn noch mal die Tickets/Ausdrucke/Ausweise? Und brauchen wir jetzt Tickets/Ausdrucke oder Ausweise? Oder alles drei? Oder nur eine Fingerabdruck? Und eine andere Frage dräut in unserem Hinterkopf, die uns schon am Abend vorher viel Kopfzerbrechen gemacht hat: Ist das noch Handgepäck? Eine zentrale Frage der modernen Flugreise, die früher mal einfach zu beantworten war, deren Antwort jetzt aber ausführlich durchdacht sein will: IST DAS NOCH HANDGEPÄCK? Das Surfbrett, das Fahrrad, die Oma – alles noch Handgepäck? Und wenn nicht – was passiert dann?

THOMAS' TIPP: WAS GEHÖRT IMMER INS HANDGEPÄCK?

iPod, Schlafmaske, 100 ml Feuchtigkeitscreme, 100 ml Kontaktlinsenflüssigkeit (wenn benötigt), ein Buch, Tampons (wenn benötigt), Pass, Aspirin, Kamera, Handy, Taschentücher, eine Unterhose zum Wechseln, ein Zettel mit der Aufschrift »Ja, das ist noch Handgepäck!«

Bei dieser Frage schummeln alle Deutschen so gerne wie bei ihrer Steuererklärung. Denn natürlich ist es MEISTENS MEHR ALS HANDGEPÄCK. Aber mit dem Brustton der Überzeugung und mit den größten Augen seit Weihnachten 1989 stehen wir alle da und sagen: Waaaas? Zu groß? Echt? Und damit kommen wir zu diesen schönen Aufstellern, die weltweit inzwischen an den Check-in-Schaltern stehen, um uns bei der Beantwortung dieser schweren Frage zu helfen. Sie kennen sie alle: Diese Displays mit den Mustermaßen des erlaubten Handgepäcks und den mehr oder weniger freundlichen Anweisungen, die Ausmaße des mitgebrachten Handgepäcks doch bitte einer Prüfung zu unterziehen, quasi eine Musterung für Handgepäck. Oder ein Modelcasting: Sind das nun wirklich 90-60-90? Und jetzt meine Frage: Haben Sie schon jemals jemand gesehen, der das ausprobiert? Der probeweise sein Gepäck da reinstellt, fragend guckt und im Zweifelsfall – ja was? Auspackt? Etwas verschenkt? In den anderen Koffer umpackt?

Nein, alle WISSEN natürlich in diesem Fall, dass ihr Handgepäck zu groß ist, und würden den Teufel tun, dass auch noch vor den Augen der Mitreisenden und des Check-in-Personals in diesem Tester zu demonstrieren unter dem Motto »Seht alle her – es ist zu groß!«. Und so stehen diese mahnenden Aufsteller eher als moderne Skulpturen herum oder im besten Fall als böses Gardemaß, auf das die Check-in-Dame dann mit einer müden Handbewegung hinweisen kann, wenn die Diskussionen losgehen. »Bitte probieren Sie mal, aber bitte ohne Stopfen!« Denn das Handgepäck sollte ja leicht und mühelos in die Vorrichtung gleiten wie Hand in Handschuh und nicht wie Müllsack in Mülltonne am Tag der Abholung. Ich finde, diese Vorrichtungen könnten ab und zu wegen ihrer Nicht-Benutzung wenigstens liebevoll dekoriert werden. Oder bepflanzt! Dann wüsste man wenigstens auch genau, wie viele Geranien in ein Handgepäck passen.

Wir lügen alle bei der Größe des Handgepäcks, und wir lügen auch alle beim Gewicht der Koffer: »Ach, so schwer ist der?« Wieder ziehen wir die Augenbrauen fragend hoch als hätte uns Stephen Hawking gerade seine neueste Theorie erklärt. »Das wusste ich nicht … Soooo schwer?« Wobei mein liebster Koffer-Gewichtscheck bei bestimmten Billigfluglinien durchgeführt wird, bei denen man herausgefunden hat, dass wir alle schummeln, und deshalb statt auf Kulanz einfach auf Knete setzt. Denn jedes Kilo kostet extra – und während der gestresste Billigflieger aufatmet, dass er nicht die Hälfte des Rucksacks für das Irland-Trecking am Flughafen lassen muss, kommt die Rechnung mit Schwung: Oh, die Kosten für das Extragepäck sind doppelt so hoch wie der ganze Flug! Tja, hätte man ja wirklich im Internet lesen können, das stand ganz deutlich auf Page 18 der allgemeinen Geschäftsbedingungen in einer 6er Schriftgröße. … 1000 Euro pro Extrakilo Gepäck – aber immerhin: Der Flug nach Dublin kostete ja nur 18 Euro …

Beim Thema Gepäck und Check-in geht es außerdem auch schon mit der Klassengesellschaft beim Fliegen los. Während der Billigflieger-Trecker den Schlafsack bezahlt oder berechnet, ob es nicht billiger wäre, den Schlafsack einfach am Flughafen zu lassen und in Irland einen neuen zu kaufen, der verzweifelte Ausländer nicht versteht, warum eine Stehlampe kein Handgepäck ist (ich bin bei meinem ersten Flug nach New York mit Pakistan Airlines geflogen und habe im Flugzeug wirklich Stehlampen, kleine Beistelltische und eine Höhensonne gesehen!), der normale Eco-Flieger mit Charme und Anmut die Dame am Check-in dazu zu bringen versucht, nicht zu streng auf die kleine Digitalanzeige zu gucken, lässt die Businessfliegerin entspannt die schweren Louis-Vuitton-Koffer aufs Band hieven und mit dem Anhänger »HEAVY« versehen (leider nicht von Louis Vuitton) und antwortet auf die Frage: »Wollen Sie das auch noch aufgeben?« mit coolem Blick auf ihre drei Kosmetikkoffer, die zwei kleinen Hunde, die vier Shoppingtüten und den Kleidersack souverän mit: »Nein, das ist ALLES Handgepäck!« Ab hier trennen sich die Wege im Flugverkehr.

Und hier trennt sich nun auch das Gepäck vom Reisenden. Das ist immer einer der schlimmsten Momente während einer Flugreise – der Moment, in dem UNSERE SACHEN in UNSEREM KOFFER das Laufband entlanggleiten – INS NICHTS. Wieder ein heiliger Moment. Kleine Kinder weinen, indianische Schamanen tanzen, Mutti zweifelt. Jetzt IST ALLES WEG. So muss es sich nach dem Zweiten Weltkrieg angefühlt haben. Wir hatten ja nichts.

Und das alles müssen die arbeitenden Damen und Herren am Check-in durchstehen. Jeden Tag: Menschen im Mäander-Ballett, übergroßes Handgepäck, zu schweres Fluggepäck, Klagen, Bitten, Betteln und kleine Kinder, die auf dem Laufband mit dem Koffer in den Orkus fahren wollen, die Angst vor dem

Nichts und dann immer noch DIE Frage. Die Kernfrage des Fliegens, egal ob easyJet oder Privatjet, ob Bumsbomber oder First Class, die eine Frage, die wir alle beantworten müssen: »Gang oder Fenster?« Eine schlichte Frage, eine einfache Frage, tausendmal pro Tag gestellt, aber trotzdem teilt diese Frage alle Flugreisende in zwei grundsätzlich unterschiedliche Gruppen. Und jetzt kommt mein Credo: Es teilt sie in entspannte Reisende und verspannte Reisende. In Genießer und Drängler. In Yoga oder Kampfsport. Der Mensch am Fenster schaut nach draußen und genießt. Der Mensch am Gang schaut nach vorne Richtung Küche und wartet auf das Essen. Der Mensch am Fenster lässt erst einmal andere aussteigen und kommt dann hinterher. Der Mensch am Gang springt schon auf, wenn das Flugzeug gerade gelandet ist, und rennt nach vorne. Der Mensch am Fenster schläft mal mit dem Kopf gegen die Flugzeugwand gelehnt, der Mensch am Gang versucht gerade zurückgelehnt zu schlafen, aber zuckt immer wieder auf, wenn der Kopf links oder rechts runtersackt. Es gibt im Leben Gangmenschen und Fenstermenschen. Und die Mitarbeiter beim Check-in wissen das. Und deshalb stellen sie die Frage, die sie tausendmal am Tag fragen müssen, oft so süffisant. Oder hatten Sie noch nie das Gefühl, dass da ein Unterton mitschwingt? Es ist wie die Frage nach dem Sternzeichen – Ihre Antwort verrät Sie dem Kenner. Deshalb mein Tipp: Wechseln Sie mal die Antwort und damit den Typ! Verwirren Sie das Bodenpersonal! Oder diskutieren Sie die Vor- und Nachteile mit ihm aus. Denn diese Menschen brauchen Abwechslung! Sie sind genervt und gelangweilt. Deshalb fragen Sie doch auch immer: »Wo möchten Sie hinfliegen?« Das steht ja nun eigentlich auf unserem Ticket! Wollen die unsere Intelligenz testen? »Oh, gut, dass Sie fragen, keine Ahnung.« »Frauke? Wohin noch mal, Köln oder Katmandu?« Nein, Sie machen sich einen kleinen Spaß mit uns, denn sonst ist das ZU FAD am Check-in. Den ganzen Tag, wohin, wie viele Personen, Gang oder Fenster – wir normalen Menschen würden durchdrehen! Deshalb geben Sie mal originelle Antworten bei all den Check-in-Fragen!

HIER EIN PAAR MÖGLICHKEITEN:

Wohin fliegen Sie?
1. Nach Hause.
2. Der Weg ist das Ziel.
3. Was gäbe es denn da für Möglichkeiten?
4. Mars! Und auch noch als Erster!
5. Ist doch scheißegal, ich bin meine eigene Hölle, egal wo ich bin.

Ist das Ihr Koffer?
1. Nein, den hat mir dieser Terrorist mit dem langen Bart eben gegeben.
2. Also das geht Sie wirklich nichts an, das ist privat.
3. Nein, das ist mein Mann.
4. Wieso, wollen Sie ihn kaufen?
5. Noch ist er das, aber ich sage jetzt: Deal or no deal?

Gang oder Fenster?
1. Ist das Fenster denn auch geputzt?
2. Beides bitte!
3. Was würden Sie denn heute empfehlen?
4. Mann, letztes Mal war ich noch Pilot, da hatte ich beides, ich bin so traurig …
5. Ene mene muh, und raus …

Die Menschen beim Check-in brauchen Humor! Und Liebe! Denn in vielen Fällen sitzen sie da den ganzen Tag und starren schon auf die Maschinen, die ihnen den Arbeitsplatz bald wegnehmen werden. Die Check-in-Computer! Und an den Maschinen stehen dann studentische Aushilfskräfte und bringen uns für acht Euro die Stunde bei, wie wir das mit der Maschine alles selber machen können! Und dann werden sie eines Tages alle weg sein: die Fragenden, das bepflanzte Handgepäck-Display und der Supermann, der früher das Mäander-Band öffnen konnte. Und der Computer wird unser Handgepäck scannen, und auf dem Bildschirm wird zu lesen sein: »Das ist im Leben kein Handgepäck! Sofort als Gepäck aufgeben und 100 Euro extra! Für die Frechheit! Oder eine Stunde Mäander laufen!«

SERVICE: UND DAS IST WIRKLICH NOCH HANDGEPÄCK!

Fluggesellschaft / Airline	max. Abmessung Breite+Höhe+Tiefe	max. Abmessungen Breite×Höhe×Tiefe	Gewicht
Adria Airways	115 cm	55 × 40 × 20 cm	8.00 kg
Aegean Airlines		55 × 40 × 20 cm	8.00 kg
Aer Lingus		56 × 46 × 25 cm	10.00 kg
Aeroflot	115 cm		10.00 kg
Air Berlin		55 × 40 × 20 cm	6.00 kg
Air France		55 × 35 × 25 cm	12.00 kg
Air New Zealand	115 cm		7.00 kg

Alitalia		55 × 35 × 25 cm	5.00 kg
ANA	115 cm		10.00 kg
American Airlines	114 cm	56 × 45 × 25 cm	18.00 kg
Austrian Airlines		55 × 40 × 23 cm	8.00 kg
BMI		56 × 45 × 25 cm	7.00 kg
British Airways		45 × 56 × 25 cm	6.00 kg
Cathay Pacific		56 × 36 × 23 cm	7.00 kg
China Airlines		56 × 36 × 23 cm	7.00 kg
Continental Airlines	115 cm		18.00 kg
CSA Czech Airlines	115 cm	46 × 45 × 25 cm	12.00 kg
Delta	114 cm	56 × 35 × 23 cm	18.00 kg
easyJet		55 × 40 × 20 cm	
Finnair		56 × 45 × 25 cm	8.00 kg
Iberia	115 cm	55 × 40 × 20 cm	10.00 kg
Japan Airlines	115 cm		10.00 kg
KLM		55 × 35 × 25 cm	12.00 kg
LOT	115 cm	55 × 40 × 20 cm	6.00 kg
Lufthansa		55 × 40 × 20 cm	8.00 kg
Malaysia Airlines	115 cm	56 × 36 × 23 cm	5.00 kg

Malev		55 × 40 × 20 cm	10.00 kg
NWA	114 cm	56 × 35 × 23 cm	
Olympic Airways		56 × 45 × 25 cm	6.00 kg
Qantas		56 × 45 × 25 cm	7.00 kg
Ryanair		55 × 40 × 20 cm	10.00 kg
SAS	115 cm	55 × 40 × 23 cm	8.00 kg
Singapore Airlines	115 cm	55 × 40 × 20 cm	7.00 kg
SN Brussels Airlines		55 × 35 × 20 cm	6.00 kg
Swiss		55 × 40 × 20 cm	8.00 kg
TAP Portugal	115 cm	55 × 40 × 20 cm	6.00 kg
Thai	115 cm	56 × 46 × 25 cm	7.00 kg

SCHLUSSBEMERKUNG:

Ein sechsjähriges Mädchen musste in England unter Tränen ihren Teddybär abgeben – er war zu groß für das Handgepäck. Er verschwand im Nichts. Fluglinie: easyJet!

Kapitel 3

DIE TOSCA-TERRORISTIN
(Die Durchleuchtung)

Der Security-Check an jedem Flughafen der Welt nach dem 11. September 2001 ist meiner Meinung nach dafür verantwortlich, dass immer mehr Menschen wieder auf Zug und Auto umsteigen. Oder einfach zu Hause bleiben. Dieser prickelnde Moment, in dem man auf Socken und ohne Gürtel, also mit kalten Füßen und rutschender Hose, auf einer klammen Gummimatte steht und unter den strengen Blicken selbsternannter GSG 9-Ninjas eilig sein Hab und Gut wieder an sich rafft oder wie ein Häftling in Sing Sing in einer Plastikschüssel an einen entfernten Pack-Tisch trägt, gehört zu den unangenehmsten Gefühlen einer jeden Reise, und das gibt es so eben nicht im Auto oder im Zug. Und nein – ich möchte nicht, dass Flugzeuge entführt und als Waffen eingesetzt werden. Und ja – Sicherheit ist mir sehr wichtig, und ich möchte mich beim Fliegen sicher fühlen. Aber der Anblick einer deutschen Omi, die mit zitternder Stimme um ihr 200 Milliliter fassendes Tosca-Parfumfläschchen kämpft, reicht mir, um dem Security-Personal aller Flughäfen weltweit als Bürger und Reisender ein für alle Mal zu gestatten, ab und zu, auch in meinem Namen und im Namen meiner Sicherheit, eine individuelle AUSNAHME DER REGEL machen zu dürfen. Ich glaube nicht, dass diese Omi das Flugzeug in die Luft sprengen wird. Wenn ich ernsthaft glauben würde, dass deutsche Omis überhaupt Flugzeuge in die Luft sprengten, würde ich, glaube ich, nicht mehr leben wollen. Und somit auch nicht fliegen.

Man hat ja auch noch nie von so einem Fall gehört: »Fundamentalistische Rentnerin aus Trier entführt Boeing«. Oder doch? Werden diese Informationen in den Stahlkammern des BKA vor uns geheim gehalten? Hat Osama Bin Laden eine blutrünstige Oma? Wird überall auf der Welt nach Oma Bin Laden gefahndet und wird deshalb die vielleicht nur scheinbar harmlose deutsche Seniorin hier vor meinen Augen gerade so hart rangenommen? Oder sind die Leute, die bei der Durchleuchtungs-Security arbeiten, nur deshalb oft so verspannt, weil man ihnen offenbar nicht zutraut, Ausnahmen von der Regel zu machen und die zitternde Omi samt ihrem Duft, mit dem doch eigentlich die Zärtlichkeit kommt, durchzulassen? Liebe Leute: Diese Omi braucht jetzt jede Zärtlichkeit, die sie bekommen kann!

Aber ich habe vorgegriffen. Zunächst einmal war es ja eine ganz normale Schlange an der Durchleuchtungsschleuse in Berlin-Tegel gewesen, in der ich stand (übrigens ohne zu mäandern!). Und wie immer hatte ich der Göttin der Lüfte dafür gedankt, dass am Flughafen Berlin-Tegel jedes Gate noch seine eigene Durchleuchtungs-Schleuse hat und nicht wie zum Beispiel in München alle durch EIN einziges Nadelöhr müssen. Und wie immer hatte ich überhaupt dafür gedankt, dass ich nicht am Münchner Flughafen fliegen musste (riesig, am Ende der Welt, unfreundlich). Auf jeden Fall standen wir da nun alle, ein männlicher Teenager, eine Mutter mit Kind, ein Businessmann und besagte Omi vor mir, die ich ab jetzt Oma Tosca nennen möchte. Und wie immer spähte ich schon mal vor, um zu sehen, ob meine Mitreisenden sich auch alle sicherheitstechnisch optimal vorbereitet hatten. Also: Laptops schon in der Hand, das schmierige kleine Tütchen mit den Miniversionen der beliebtesten Kosmetika schon aus der Tasche ragend, Mäntel aus, Schals aus, Mützen runter und Handy, Kleingeld und Uhren im Sinn und im Blick. Ready for action.

Manchmal stelle ich mir in dieser Zeit das Sichhinbewegen zu einer Durchleuchtungsschleuse als »Spiel ohne Grenzen«-Parcours vor. Samt Kommentator: »Die Mannschaft aus Echterdingen liegt jetzt klar vorne mit gezückten Handys, Uhren und Gürteln, während die Mannschaft aus Bünde leicht schwächelt durch ein Übermaß an Laptops, Kosmetik und Rentnerinnen … Oh, doch jetzt gibt es ein Problem in Echterdingen, ein Schuh hat gepiept, das gibt schwere Zeitverluste, ein Mannschaftsmitglied muss zurück auf Los, Schuhe ausziehen, auf das Band legen, noch mal durch die Durchleuchtung, da holen die Bündener natürlich kräftig auf …«

In immer mehr Flughäfen der neuen Kollektion »Orwell 1984« laufen inzwischen Vorbereitungsfilme (natürlich auch in München), um den sportlichen Ehrgeiz der Wartenden zu schüren. Dort sieht man animierte Figuren oder sogar mit realen Menschen gedrehte Filme (Sieht sich jemand aus so einem Filmchen eigentlich als Schauspieler? Arbeitet er mit einem inneren Bild à la Strasberg-Methode bei seiner Darstellung des Jackenausziehers? Gibt es die Meryl Streep des schmierigen Plastikbeutels?), die einem demonstrieren, wie man schon alles vorbereiten kann, bevor man an das heilige Band tritt (apropos heiliges Band – muss der Papst eigentlich auch durch die Durchleuchtung? Muss er seine schicken weißen Schuhe ausziehen? Oder segnet er einfach alle, küsst den Boden und schummelt sich durch?). Auf jeden Fall trete ich, weil ich ein Streber bin, natürlich immer tipptopp vorbereitet an die Front: Geldbeutel, Handy und Hausschlüssel IN den Jackentaschen, die Jacke schon über dem Arm, um sie in die Wanne zu legen, die Handgepäcktasche offen mit Laptop oben drauf und gleich darunter der geöffnete Kulturbeutel mit dem verschmierten Plastikbeutel, der quasi neckisch hervorlugt. Denn: Ich will hier gewinnen! Ich will einen Rekord aufstellen in der Disziplin

»Durchleuchtungsvorbereitung«. Oder sogar im Gesamttriathlon triumphieren: Vorbereitung, Durchleuchtung, Zurückpackung! In unter 30 Sekunden! Das wäre mein Traum! Schuhe mit Metall in der Sohle schmeiße ich inzwischen schon zu Hause weg. Metallbrillen lehne ich für mich ab. Und ein Intimpiercing kommt für mich allein deshalb nicht in Frage.

Was der männliche Teenie drei Posten vor mir für sich wohl anders entschieden hatte, denn zum dritten Mal jaulte nun das mobile Durchleuchtungsgerät in der Hand des zuständigen Prüfers auf, und zwar genau im Schritt der jugendlich tief hängenden Hose. Der Teenie grinste, er kannte wohl das Spiel. Vielleicht hatte er sich ja das Genitalmetall extra für den Sicherheits-Check machen lassen, denn in dem Alter tut man ja eigentlich alles für ein bisschen Gefummel. Auf jeden Fall ließ sich der Durchleuchter nicht aus der Ruhe bringen und bat den Heavy-Metal-Mann hinter den Vorhang und verschwand dort mit ihm. Ob man in einem solchen Fall das Piercing rausnehmen und aufs Band legen muss? Ich glaube nicht, denn ich habe noch nie einen einzelnen Metallring durch die Durchleuchtung fallen sehen. Vielleicht glauben die Sicherheitsleute ja im Einzelfall dem unterrum Geschmückten, dass er damit nur seine Eltern und nicht den Piloten erschrecken will. Obwohl es mal einen Fall in den USA gab, bei dem eine Frau zwei Nippelringe rausnehmen musste, aber ein Bauchnabel-Piercing durchgekriegt hat. Vielleicht hing der Bauch schützend darüber. Apropos intim – Frauen sollten beim Fliegen auf Bügel-BHs verzichten – auch da gibt es oft mehr Körperkontakt, als einem früh morgens mit einer völlig fremden Frau lieb ist.

Da eine zweite Kontrolleurin zur Stelle war, wurde nun die Mutter samt Kind durchgewunken. Und auch diese Fachkraft wurde gefordert, denn nicht nur die Mutter piepste, sondern auch das kleine vierjährige Mädchen. Während nun die gestresste Mutter beim Auspacken vor aller Augen zugeben musste, dass sie nun wirklich alles Metallene in ihren Taschen vergessen hatte (kleine Kinder erreichen es ja oft, dass bei ihren Müttern die Geistesleistung auf Notstromaggregatsniveau läuft), fand die kleine Marlene nun wiederum heraus, wie lustig es war, durch das piepsende Tor hin und her zu laufen. Wir wussten auch inzwischen alle, dass das kleine Mädchen Marlene hieß, weil die Mama, umrudert von der Kontrolleurin, gleichzeitig Handys aus Taschen nahm, Sonnenbrillen vom Kopf zog und das Kind ermahnte, stehen zu bleiben. Was das Kind dann auch tat. Mitten in der Durchleuchtungsanlage, was wiederum zu einem Dauerpiepton führte. Marlene klatschte in die Hände. Mein Arm mit der ungewöhnlich schweren Jacke wurde langsam müde.

In diesem Moment kam der eisenhaltige Teenager aus der Kabine zurück (vielleicht, weil er den Piepton mit seinem Lieblings-Technolied verwechselt hatte) und verschwand, leicht zufrieden grinsend, wie ich fand, im Terminal. Marlene wurde von ihrer Mutter von ihrer kleinen Showbühne gezerrt, eventuell mit bleibenden Gehirnschäden durch die Dauerbestrahlung, und meine Stimmung sank trotzdem weiter. Unser Team würde auf keinen Fall einen Preis gewinnen. Wenn überhaupt, dann lockte noch die Solomedaille.

Als Nächstes ging nun der Businessmann ins Rennen. Ich setzte stark auf ihn, er war bestimmt Vielflieger und kannte somit die Regeln in- und auswendig. Vielleicht war er auch ein potentieller harter Konkurrent – ich checkte innerlich noch einmal durch, ob sich nicht vielleicht in meiner Gesäßtasche noch ein Papier mit Büroklammer verbarg oder ein metallhaltiges Kaugummipapier, das mich verlangsamen könnte. Aber nein, das hatte ich alles schon aussortiert. Aber ich musste mich sowieso nicht sorgen. Der Businessmann war wohl eher Akademiker, denn wie der zerstreuteste Professor der Welt hatte er die Taschen noch sehr voll. Seine Spezialität: lose Münzen. Eine nach der anderen zog er hervor, während ich langsam nicht nur um meinen Rekord, sondern überhaupt um meinen Abflug bangte. Wie viele Münzen kann man denn in einer Hosentasche haben? Wofür braucht man heute überhaupt noch Münzen? War er von Beruf Parkuhr-Entleerer? Hatte er sein Sparschwein geschlachtet? Und musste er jetzt auch noch das Jackett ausziehen, weil sich auch in der Innentasche Münzen verbargen, und uns und der Welt fröhliche Schweißflecken in einer Art rückendeckendem Paisleymuster zeigen?

Das war wieder einer der Momente, in dem ich den Gesichtsausdruck der Security-Leute an den Schleusen verstehe. Es kann kein Spaß sein, mitten im Sommer, zwischen Intimpiercings und klatschenden Marlenes ständig den verschwitzten Männern und Frauen jeden Alters unter die Arme zu fassen. Das muss schrecklich sein! Und man kann sich nur für all die versagenden Deos rächen, indem man entweder grimmig guckt oder mit extra viel Spaß in die durchleuchteten Gepäckstücke hineinschaut. Da gibt es sicher viel zu sehen … Eine Freundin von mir hatte wirklich einmal ihren Vibrator im Handgepäck vergessen, und es gab ein kaum verhohlenes Juhu beim gesamten Personal, gekoppelt mit der scheinheiligen Frage: »Ist das ein bananenförmiger iPod?« Vielleicht gibt es ja sowieso eine Hierarchie an der Schleuse zwischen Schweißtastern und cool am Bildschirm-Durchblick-Habenden, so unter dem Motto: Erst drei Jahre in der Fremdenlegion der deofreien Zone, dann den Spannerblick mit Hightech-Unterstützung.

Womit wir beim Thema »Nacktscanner« wären. Allein der Begriff »Nacktscanner« ist für mich das Wort der letzten Jahre. Denn ich sehe einen nackten Mann an der Supermarktkasse vor mir, der freundlich lächelnd Raviolidosen über den Scanner zieht. Der Nacktscanner, eine textilfreie Version der bekleideten Fachkraft. Ein toller Beruf für jedes Beruferaten – leicht darzustellen! Aber natürlich ist der Nacktscanner kein neuer FKK-Job, sondern ein Gerät, das uns nun am Flughafen endlich bis zum Nierenstein hin durchleuchtet. Und hier wäre mein Vorschlag: Ich fände Nacktscanner am Flughafen dann o.k., wenn sie einen dabei jeweils auch auf Gallen- und Nierensteine oder noch unbekannte Schwangerschaften abchecken würden und man den Befund gleich ausgedruckt mitnehmen könnte. Dann fände ich das praktisch! Ein regelmäßiger Gesundheitscheck bei jedem Inlandsflug! »Schatz, ich muss dir was sagen.« »Dein Flug hat Verspätung?« »Nein, wir bekommen ein Mädchen! Ich möchte es Allitalia nennen!« Aber sonst bin ich dagegen. Ich habe mich nicht jahrelang in erotische Wäsche gehüllt, damit mir jetzt ein wildfremder Security-Mann bis in den Blinddarm gucken kann! Das ist mir zu intim! So weit gehe ich nie bei einem ersten Date! Und wer weiß, was mit den Bildern passiert? Heute landet ja alles im Internet, und dann gibt es auf der Seite www.nacktscanner.de Bilder von mir, wo ich nichts bin als Haut und Knochen? Dann hätte ich ja gleich Model werden können! Nein, nein, nein, nicht mit mir.

Gott sei Dank ist es ja an deutschen Flughäfen mit den Nacktscannern noch nicht so weit, und während ich in diesem Gedanken hängend dem Professor zusehe, wie er ein altes Fünf-Markstück (!) zurück in seine Reverstasche steckt (!?), kommt jetzt die Kandidatin an die Reihe, die ich schon von Anfang an unter dem Motto im Auge hatte, »wir werden es nicht schaffen!« – die freundliche Oma Tosca direkt vor mir. Aber siehe da, ich werde überrascht! Handtasche aufs Band gelegt und durch. Kein Pieps! Klar, kein Laptop, kein Handy, wahrscheinlich nicht mal Schlüssel, denn die hat bei einer Frau ihrer Generation wohl der Mann. Fünf Sekunden und durch! Ich bin sprachlos! Das ist eine Vertreterin der Trümmerfrauengeneration! Die haben Berlin nach dem Krieg wieder aufgebaut und scheren sich jetzt auch nichts wegen Nacktscannern. Gerade denke ich noch, dass ich es so schnell nicht schaffen kann – da wird sie zurückgeschickt. Mit dem Fläschchen »Tosca« in der Hand. Die Terroristin! Wie man sich täuschen kann.

Nun bin endlich ich dran! Und ich bin so gut vorbereitet: Jacke in die Wanne, Laptop in eine separate Wanne, den verschmierten Plastikbeutel in eine dritte Wanne, fünf Sekunden. »Haben sie noch was in den …« »NEIN!« »Dann gehen Sie bitte.« (Weitere fünf Sekunden.) Stolzer Durchmarsch erhobenen Hauptes, kein Piercing, kein Tosca, noch nicht nacktgescannt, Profi eben – PIIIIEP! Ich wende mich äußerst muffig dem Abtaster zu. Hatte ich schon erwähnt, dass das Gerät manchmal auch nur nach Zufallsprinzip piept? Wieder der Beweis: Es gibt keine Gerechtigkeit beim Fliegen. Ich versuche aus Rache und als kleiner Triumph, wenigstens noch ganz schnell ganz stark zu schwitzen.

ZAHLEN UND FAKTEN:

Nach einer unveröffentlichten Bestandsaufnahme der Arbeitsgemeinschaft Deutscher Verkehrsflughäfen in Berlin (ADV) sammeln die Kontrolleure Tag für Tag bundesweit »sechs bis sieben Tonnen« Kleinbehälter ein. Jährlich werden den Fluggästen danach Artikel im Wert von »100 bis 150 Millionen Euro« abgenommen. Allein der Frankfurter Flughafen muss täglich etwa zwei Tonnen entsorgen. Nach § 17 Absatz 2 (Luftsicherheitsgesetz) wurde eine Rechtsverordnung erlassen, welche die Abwälzung der entstandenen Kosten mittelbar auf den Fluggast zulässt. Abgeführt wird die sogenannte Luftsicherheitsgebühr durch die Fluggesellschaften. Die aktuelle Höhe je nach Flughafen wird durch das Bundesministerium für Verkehr, Bau und Stadtentwicklung veröffentlicht.

FAZIT:

Die verschärften Sicherheitsvorschriften wurden 2006 eingeführt, nachdem es zu zwei Vorfällen gekommen war: 2001 hatte der britische »Schuhbomber« Richard Reid vergebens versucht, den Sprengstoff, der in seinem Absatz versteckt war, in einem Flugzeug zu zünden. Fünf Jahre später wurden in Großbritannien über 20 Islamisten festgenommen, die angeblich geplant hatten, gleich mehrere Flugzeuge mit flüssigem Sprengstoff in die Luft zu jagen. Ein britisches Gericht sah es später allerdings nicht mehr als erwiesen an, dass die angeklagten Islamisten diese Pläne tatsächlich umsetzen wollten. Die deutschen Sicherheitsbehörden weigern sich bisher, selbst auf Nachfragen von EU-Parlamentariern, genaue Auskünfte über den Erfolg der bisherigen Kontrollen zu geben. Nach Recherchen der Abgeordneten ist aber bis heute kein einziger Fall von versuchtem Sprengstofftransport aktenkundig. »Wir kriegen den Ärger der betroffenen Passagiere zu spüren«, klagt ADV-Sprecher Leif Erichsen, »bei Flüssigkeiten haben wir keinen Lerneffekt der Passagiere.« Seit die Flüssigkeitskontrollen eingeführt wurden, sanken die Zahlen der mitgebrachten Flüssigkeiten bisher nicht, sie stiegen.

UND: Es wird nur die Menge geprüft, nicht der Inhalt – die Röntgengeräte können Weihwasser nicht von Nitroglyzerin unterscheiden!

Wegen der längeren Durchleuchtungszeiten kommen die Passagiere immer früher an den Flughafen. Der Umsatz beim deutschen Duty-Free-Marktführer Gebr. Heinemann stieg in den vergangenen Jahren deutlich: um 15 Prozent auf 1,7 Milliarden Euro.

UND NOCH DREI WAHRE GESCHICHTEN:

Ein Pilot, der sein Taschenmesser abgeben musste, marschierte wütend zu seinem Flugzeug, holte die Not-Axt aus dem Cockpit und knallte sie dem Sicherheitskontrolleur auf den Tisch.

Ein Russe trank eine angefeindete Flasche Wodka einfach aus. Er musste aber am Boden bleiben, weil er sich danach an einem nahe gelegenen Lufthansa-Schalter erleichterte.

Ein britischer Wissenschaftler hatte in seinem Handgepäck Reagenzgläser mit großartig gezüchteten Stammzellen, die blitzschnell nach Barcelona gebracht werden mussten, um einer schwerkranken Frau durch Verpflanzung einer Luftröhre das Leben zu retten. Aber am Counter von easyJet wurde er – so berichtete die Presse – abgewiesen und gebeten, die zu große Menge an Flüssigkeit zu entsorgen. Dass die Stammzellen, das Ergebnis jahrelanger Forschung, innerhalb von 16 Stunden unbrauchbar würden und damit die Hoffnung der Frau in Barcelona dahin wäre, stand leider nicht in den Gepäckregeln. Zum Glück gab es doch noch ein Happy End. Der Mediziner charterte mit Hilfe von Freunden einen Privatjet für die bescheidene Summe von 16.600 Euro und brachte die wertvolle Fracht noch rechtzeitig ans Ziel. easyJet erstattete ihm die Kosten für den nicht angetreten easyJet-Flug.

Kapitel 4

TERMINAL ILLNESS
(Der Terminal)

L iebe Leserinnen und Leser, eine Frage: Warum kauft man am Flughafen eine Krawatte? An jedem Flughafen der Welt gibt es einen Krawattenshop, oft mit lustigen Wortspielnamen wie »Tie In« oder »Tie Me Down« – warum? Hat ein Business-Flieger morgens vergessen, seine Krawatte anzuziehen? Er war fertig, er guckte in den Spiegel, die Frisur saß, die Rasur stimmte, das Jackett passte – und er übersah die Lücke an seinem Hals? Unwahrscheinlich. Oder bekommt irgendein normaler Reisender auf einmal im Flughafen einen Anruf, dass er vor dem Urlaubsflug nach Mallorca doch noch überraschend ein »Seated Dinner« in der Lufthansa Lounge absolvieren muss – mit Krawattenzwang? Und jetzt wird es stressig: Nicht nur, dass er noch schnell zu »Tie Break« rennen muss, er muss auch noch bei BOSS oder Daniel Hechter einen ganzen Anzug zur Krawatte kaufen. Auch unwahrscheinlich. Oder ein Mann hat ein bisschen Zeit, möchte ein bisschen shoppen und denkt sich: Jetzt mal 'ne Krawatte? Noch unwahrscheinlicher, denn für die meisten Männer kaufen die Frauen die Krawatten, und die sind – wenn überhaupt – in der Kosmetikabteilung des Duty-Free-Shops und nicht bei »Total Tie«. Deshalb – wenn Sie mal darauf achten – sind Krawattenshops in Flughäfen IMMER LEER. IMMER! Ich habe da noch nie jemanden etwas kaufen sehen. Und deshalb brauchen die Verkäufer in diesen Läden wahrscheinlich so lustige Namen über der Tür. Sonst würden sie sich vor Langeweile umbringen! Dann wird das ganz schnell ein »Tie Me Up«-Shop!

Noch absurder: Gepäckläden an Flughäfen! Nach der Durchleuchtung! Beim Check-in würde es ja vielleicht manchmal noch Sinn machen, ein Henkel reißt, ein Koffer platzt, Übergepäck muss auf mehrere Stücke verteilt werden – aber nach dem Check-in? Welcher Mensch ist gerade sein schweres Gepäck losgeworden, das er gepackt, geschoben und geschleppt hat, geht anschließend mit seiner kleinen Handgepäcktasche Richtung Gate, kommt an einem Laden vorbei und denkt sich: »Mmh, ich müsste eigentlich jetzt sofort dringend zwei große Koffer kaufen«? Wer tut so etwas? Oder Kaviar? Immer öfter sehe ich Läden für Kaviar! Auch das wäre nicht meine erste Idee beim Reisen – Zahnbürste, Pass, Ticket –, aber habe ich auch genug Kaviar dabei? Mysteriös.

Manchmal glaube ich, diese Läden sind alles nur Attrappen. Leere Hülsen, in denen in Wirklichkeit ganz andere Dinge abgewickelt werden. Drogenhandel, Geldwäsche, Glücksspiel. Und zwar alles nur für das Flugpersonal! Im Flughafen gibt es einen versteckten Vergnügungspark für die Arbeiterinnen und Arbeiter der Lüfte! Auf ein bestimmtes Passwort zum Verkäufer hin öffnet sich flux die Wand mit den Krawatten, und dahinter stehen zehn sehr belebte Pokertische! Auf ein zweifaches Zupfen eines Piloten an seinem Ohrläppchen im Koffershop dreht sich die Samsonite-Wand komplett um, und eine Opiumhöhle mit vier chinesischen Masseusen und einer Madame in Samurai-Optik erscheint! Und deshalb gibt es jetzt die Kaviarshops! Die sind nur für die russischen Stewardessen! Deswegen eilen auch alle Flugbegleiter so durch den Terminal – sie sind zu spät, nicht, weil ihr Umsteigen zu knapp kalkuliert war, sondern weil eine British-Airways-Purserin (das sind die ranghöchsten Flugbegleiter eines Teams) beim Roulette hinten im »Tie! Tie! Tie!«-Casino noch auf die Null setzen wollte! Wie oft haben Sie schon den Satz über die

Lautsprecher gehört »Wir warten noch auf die Crew ...« –
jetzt wissen Sie auch warum!

Im Terminalbereich liebe ich Läden mit lokalen Souvenirs.
Die sind so menschlich. Auf einmal wird die Reihe der kalten,
neongetränkten Industrieprodukte durch handgebastelte kleine Puppen, die in Miniatureselskarren sitzen, unterbrochen.
Oder durch Schinken. Schinken in allen Formen, groß, klein,
geschnitten, in Würfeln und in einem Eselskarren sitzend. Dazu
Sachertorten, Eiffeltürme, Sombreros, Kuckucksuhren und
Elefanten als Briefbeschwerer. Falls heute noch jemand Briefe
beschwert. Ich glaube auch, dass bei dem modernen verwöhn-
ten Kind Geschenke aus den Folklore-Shops der Terminals
nicht mehr gut ankommen. »Papa, kein Schinken ersetzt deine
Anwesenheit!« schallt es geballt aus den Kinderzimmern der
Vielflieger-Daddys.

Der einzige Laden im Flughafen, der voll ist und wo auch
wir normalen Menschen uns vergnügen dürfen, ist der DU-
TY-FREE-SHOP! Entschuldigung, jetzt TRAVEL VALUE!
Ein Klassiker der Terminal-Shopping-Experience! Denn, wie
sagt der Manager des Frankfurter Flughafens: »Wir sind ein
Einkaufszentrum mit Landebahn!« (FAS, 26.4.09). Und es
stimmt: Der Frankfurter Flughafen verdient sein Geld vor allem mit Geschäften, die mit Fliegen gar nichts zu tun haben.
(FAS, 30.8.09). Aber warum ist dann im Travel-Value-Shop
das Licht so schlecht? Die ehemaligen Duty-Free-Shops sind
wie türkische Vereinszentren beleuchtet! Während auf der ganzen Welt Läden in Erlebnisparks verwandelt werden samt Ko-
lorierung gemäß der Farbenpsychologie und Duftorgel, setzt
der Travel-Value-Shop immer noch auf den Charme eines In-
tershops – Neonröhren und Regale, Regale und Neonröhren.
Darüber riesige Bilder von Models, die so perfekt ausgeleuchtet
wurden, als wären sie ein Wahlplakat von Guido Westerwelle.

Und dazwischen wir, hässlich, picklig, mit suchendem Blick nach einem schnellen Abdeckpuder. »Deshalb ist das Licht ja so«, höre ich nun einen erfahrenen Werber sagen (der es im Übrigen als Einziger schafft, sich in die Samsonite-Opiumlounge zu schmuggeln, nur weil er den Verkäufer so lange mit dem Satz »Ich kenn den Besitzer!« genervt hat), denn wenn man sich im schlechten Licht im Spiegel betrachtet und darüber ein dreizehnjähriges ukrainisches Model, das auf vierzehn geschminkt wurde, sieht, dann kauft man Kosmetik! Klingt logisch, ist aber meiner Meinung nach nicht so. Meine Theorie: Dann kauft man Schnaps und Schokolade! Das ist der Trick bei dem Maso-Lighting-Look der Duty-Free-Shops, man blinzelt, leidet und kauft sofort eine überdimensionale Toblerone und einen Liter Whisky. Schauen Sie mal die Publikumsverteilung im Duty-Free-Shop an: Eine tapfere Frau lässt sich eine Feuchtigkeitscreme empfehlen, aber fünfzig verzweifelte Reisende wuchten eine Jumbopackung Haribo auf den Kassentresen und/oder drei Flaschen Gin. Und kommen Sie mir nicht mit »Mitbringsel«! Über den Alkohol können wir noch diskutieren, vielleicht ist es die vierte Verabredung und die Waffenwahl wird gröber, aber wer bitte bringt jemand eine Kilodose »Quality Street« mit? Überhaupt »Quality Street« – was sind das für Produkte in diesen Shops? Isst irgendjemand wirklich noch Karamellbonbons? Macht man jemandem noch eine Freude mit einer Anstaltspackung »After Eight«? Das ist doch kein Laden, das ist ein Museum für Süßigkeiten, die es gar nicht mehr gibt. »Hey – wir haben noch eine Palette ›Werther's Echte‹ übrig, Kriegsbestände, schieb die mal rüber zum Flughafen!«

Ich habe natürlich auch dazu eine Theorie (ich bin gerade sehr gut in Theorien, ich schreibe dieses Kapitel liegend hinter einer Samsonite-Kofferwand): Die Süßigkeiten- und Alkoholabteilung im guten alten Duty-Free-Shop, nennen wir sie mal die Drogenzentrale, ist auch wieder kein normaler Shop – diese Produkte sind Waffen! Haben Sie sich nie überlegt, warum man 200 Milliliter Sonnencreme abgeben muss, aber dann eine Toblerone vom Ausmaß einer Kalaschnikow kaufen kann? Damit kann man doch jeden Flugbegleiter erschlagen! Und mit jeder Ecke dieser Toblerone kann man die Tür zur Pilotenkabine aufbrechen! Und dann dem Piloten eine Flasche Blue Curaçao ins Gesicht schütten, um ihn machtlos zu machen, wobei ich schon einen einzigen Schluck Blue Curaçao als chemische Waffe empfinde. Jeder Terrorist könnte sich also im Travel-Value-Shop mühelos vollständig ausrüsten! »Reise-Wert« vom Feinsten! Und günstiger als draußen vor dem Flughafen! Nur eben bei schlechterem Licht. Aber das stört die Terroristen wahrscheinlich nicht.

Natürlich kann man in Terminals nicht nur shoppen, sondern auch essen. Oder so tun, als ob. Verzweifelte Systemgastronomie versucht an der einen Ecke so zu tun, als säße man in einem Wiener Kaffeehaus, und an der anderen, als kuschele man sich in einem Sylter Fischlokal. Nur eben ohne Wien und Sylt.

Mein Tipp: Essen Sie NIE etwas in einem Flughafen. Es ist NIE wirklich gut. Und das liegt wahrscheinlich nicht am Können der Gastronomen oder der immer noch zu heiß abliefernden Küchengeräte – wahrscheinlich macht Flughafenatmosphäre Lebensmittel einfach depressiv. So wie uns Menschen auch. Wahrscheinlich sieht auch das Salatblatt das Neonlicht und denkt sich »Das war es, ich welke.« Und die Boulette dreht sich noch einmal in der Mikrowelle und fragt sich »Warum ist denn die Luft hier so schlecht? Ich fühl mich so grau!« Mein Megatipp: Planen Sie vor jeder Reise noch ein leckeres Essen ein – AUSSERHALB DES FLUGHAFENS! Zu Hause oder in einem netten Restaurant. Kommen Sie satt am Flughafen an! Dann müssen Sie weder im Terminal noch im Flugzeug etwas essen. Und auch keinen Tomatensaft trinken. Aber dazu später mehr.

Lustigerweise sind ja die größten und ruhigsten Räumlichkeiten in Flughäfen oft die Toiletten. In manchen Terminal-Toiletten kann man verschwinden und nie wieder auftauchen. Man soll sie ja auch noch mal aufsuchen, bitten manche Airlines, um den Klobesuch an Bord zu reduzieren und so Wasser und Gewicht zu sparen – an was man alles denken muss. Ich finde jedenfalls, dass die Toiletten in den Terminals oft die eigentlichen Gebetsräume sind, auch wenn daneben noch andere offiziell ausgeschildert sind …

Der merkwürdigste Terminal-Besucher der Flughafengeschichte war sicher Mehran Karimi Nasseri, ein Mann der wegen mangelnder Papiere von 1988 bis 2006 in Paris am Flughafen Charles de Gaulle im Terminal 1 wohnte. Oder vielleicht ist er der heimliche Inhaber der Krawatten-Speakeasys. Auf jeden Fall bekam er, als Stephen Spielberg seine Geschichte 2004 mit Tom Hanks verfilmte, 275 000 Dollar und weigerte sich trotzdem, den Terminal, sein Heim, zu verlassen. Wann gab es noch mal den ersten Kaviarladen?

EIN TIPP FÜR MEHRAN:

Im Internet gibt es eine Seite, die die Flughäfen der Welt nach ihren SCHLAFQUALITÄTEN bewertet! Also, wenn Sie wissen wollen in welchem Terminal Sie am besten schlafen können: www.sleepinginairports.net

Neue Kunstinstallationen in den Terminals der Welt sind ja inzwischen oft die Raucherräume. Oder eher die Raucher-Glasgehege – hier kann man miterleben, wie der sympathische Mitreisende von eben zum saugenden Zombie hinter Rauchschwaden wird. Mir wird oft schon vom Hingucken schlecht.

Da brauch ich gar kein Airport-Food mehr. Natürlich kann man, was die Nahrungsversorgung im Terminal angeht, auch einfach über alles Kaffee schütten, dann kommt man auch voran. Was haben wir eigentlich gemacht, bevor es an Flughäfen zweifache, dreifache und zehnfache Espressomengen mit und ohne Tonnen von Milchschaum gab? Gab es je einen Flughafen nur mit deutschem Bohnenkaffee? Wie sollte der funktionieren? Espresso passt doch so gut zu der Ruhe der modernen Reise! Nach vier Espressos renne ich über die Laufbänder wie Usain Bolt im Endspurt, haue mit meinem Handgepäck noch vier Omis weg, die sich unklug auf die falsche Seite des Bandes gestellt haben, schaffe es drei Minuten vor Gate-Schluss ans Ziel (auch in München), fahre die ticketabreißende Mitarbeiterin noch schwitzend wegen der zehnminütigen Verspätung an und lande entspannt und freundlich auf meinem Gangplatz in der Business Class! Ich bin entnervt, ich bin aggressiv, ich bin VOLL AUF KOFFEIN! Und Vorsicht – ich habe eine Toblerone dabei!

Auch dazu mein Tipp: Eine Tasse Kaffee vor einem Flug reicht. Das Adrenalin wird schon von selber steigen. Zum Beispiel wenn der Flug unter Umstanden einmal nicht pünktlich ist.

Kapitel 5

DAS TOR ZUM GLÜCK
(Das Gate)

Wie oft haben Sie sich schon abgehetzt, mit oder ohne Espresso, kamen ans Gate gerannt, und dann – die sanfte Ansage: »Leider verspätet sich unser Abflug …«Wieder einmal hat die Flugreise so einen Stop-and-go-Charakter. Phasen voll Hektik wechseln sich ab mit Phasen voll von engem Nichtstun. Nur ein gut geladener iPod oder Meditationstechniken im Stehen helfen. Aber stellen Sie sich nicht in die Praecox-Schlange, die sich jetzt schon vor dem Counter gebildet hat. Ich bewundere immer wieder die Leute, die sich einfach schon ohne Boarding-Aufruf in eine Schlange vor den Schalter stellen MÜSSEN – einfach, um in einer Schlange zu stehen. Man könnte ja was verpassen. Den Eingang vielleicht.

HIER WIEDER EIN VIELFLIEGERTIPP:

Immer als Letzter rein. Warten bis ganz zum Schluss. Die bessere Luft noch nützen, nicht anstehen, nicht drängeln. Es wird ein Platz passend zu Ihrem Ticket vorhanden sein. Es wird sich auch Platz für Ihr Handgepäck finden. Das Flugzeug fliegt nicht ab, bis Sie sitzen. Wie man beim Film sagt: Die Ruhe bleibt.

UND DER GEMEINSTE VIELFLIEGERTIPP
(SIE HABEN IHN NICHT VON MIR!):

Wenn Sie ein Gepäckstück eingecheckt haben, wird das Flugzeug auf Sie warten. Der Stress, Ihren Koffer wieder auszuladen, ist viel größer, als alle im Flugzeug noch warten zu lassen. Die Ausrufe werden zwar biestiger – bis zu meiner Lieblingsformulierung »Wir schließen jetzt Ihren Flug!«, bei der ich immer eine Domina mit einem riesigen Schlüsselbund vor mir sehe –, aber es gibt da eine Grauzone. Man muss dann nur psychisch die Blicke aushalten, wenn man als Letzter ins Flugzeug kommt.

Apropos Blicke – ich finde der schlimmste Job im Flughafen ist es, am Gate, die Tickets zu kontrollieren. Das ist die Arbeit, für die man die besten Nerven braucht. Denn das ist der Job, für den man ganz offen gehasst wird. Während man unfreundliche Durchleuchter noch mit knirschenden Zähnen toleriert, weil sie die Macht haben, einen zurück zum Check-in zu schicken oder auf Socken und ohne Gürtel vor allen anderen noch mal durch die Schleuse zu jagen, werden die Mitarbeiter am Gate, die das Go für das Einsteigen geben, offen gehasst (das Einsteigen heißt übrigens am Flughafen »Einsteigevorgang«, wieder so eine Wichtigtuerei). Die Situation ist meistens so: Das Boarding soll laut Anzeigetafel und laut Ticket um, sagen wir mal 18 Uhr 20 beginnen. Das wissen alle. Jetzt ist es 18 Uhr 20, die Zeiger aller inneren Uhren rücken mit einem deutlich spürbaren »Kawong« auf die Ziffer 4 auf dem Ziffernblatt vor und – in den meisten Fällen tut sich nichts.

Kurz noch mal zur Situation: Wie auch zwischen Gang- und Fenstermenschentyp gibt es auch am Gate einen Sitz- und einen Stehtyp. Der Sitztyp sitzt, liest Zeitung oder plaudert, balanciert Caffè-Latte-Becher und Sandwich und telefoniert. Der Stehtyp dagegen steht wie die Sturmspitze einer Fußballmannschaft ganz vorne am Schalter, oder modern gesagt »Counter«, die Zeitung unter einem Arm, den Mantel über dem anderen, und telefoniert. Jetzt könnte man hier auch wieder zunächst mal eine Unterteilung in Gemütsmensch (sitzt) und Hektiker (steht) vermuten, aber es gibt gemeine Untergruppen und Vermischungen. Zum Beispiel den »Ich sitze, aber ich habe einen Todesstreifen um mich angelegt«-Typ. Das ist der Typ, der um sich herum auf allen freien Sitzen seine Tasche, seine Zeitungen, seinen Mantel, seine Tassen ausgebreitet hat, um möglichst wenig Menschen in seine Nähe zu lassen, damit er beim Telefonieren nicht gestört wird. Das ist das aggressivste Lebewesen im Biotop »Gate«. Die Königskobra. Dieses Wesen schafft es sogar, auch wenn alle anderen Sitzplätze im Wartebereich belegt sind und ein altes Mütterchen suchend herumblickend auf ihn zukommt, den Kopf wegzudrehen und lauter und intensiver zu telefonieren, damit er nicht in die Gefahr einer menschlichen Berührung kommt. Diese Wesen hatten als Kinder nicht viel Liebe. Oder sie sind sogenannte Senatoren. Dazu gleich mehr.

Jetzt ist es auf jeden Fall 18 Uhr 25 (das Flugzeug soll um 18 Uhr 50 abfliegen), und der schlimmste Job am Flughafen gerät langsam unter Beschuss. »Wenn Blicke töten könnten« heißt ein altes Sprichwort, und wenn dem so wäre, gäbe es an den Gates der Flughäfen täglich Tote. Denn natürlich bemerkt die vorne stehende Vorhut das Verrinnen der Zeit besonders deutlich in den Beinen und will sich nun bemerkbar machen. Die einzelne Fachkraft am Gate bemerkt das ansteigende Adrenalin in der Luft und möchte sich unbemerkbar machen. Was jetzt folgt, ist eine ganz tolle Choreographie im Stil des modernen Tanztheaters. Die Steher husten. Die Steher schauen auf die Uhr. Die Steher schauen anklagend zum Himmel oder Solidarität heischend zu anderen Stehern. Der Drecksjobber am Gate guckt in den Schlauch, der zum Flugzeug führt oder zur Treppe nach unten. Der Schlauch heißt in Flughafensprache »Finger«. Der Drecksjobber schaut in den Computer, der am Gate steht. Der Drecksjobber sortiert Formulare und liest aufmerksam die Passagierliste durch.

Ich bin mir sicher, dass die Passagierliste meistens nicht so interessant ist und der Namens-Check schon VOR 18 Uhr 20 erfolgt ist. Es sind reine Ablenkungsmanöver, um sich vor dem ansteigenden Hass zu schützen. Man versucht, ein unsichtbares Schild aufzubauen gegen den Counter-Strike. Das ist wie damals als Kind, als Sie dachten, das Monster unter dem Bett sieht Sie nicht, wenn Sie die Augen schließen. Und dann gibt es noch das Telefon. Erinnern Sie sich an den kalten Krieg und die direkte telefonische Verbindung – Washington – Moskau? Mindestens genauso wichtig ist das eine kleine Telefon am Gate. Es ist alles entscheidend. Es kann Menschenleben retten. Denn ab 18 Uhr 20 wird im Minutentakt von diesem Telefon ins Innere des Flugzeugs angerufen, ob dort schon alles fertig sei und die stehende Aggressionskavallerie losgelassen werden könne. Die Choreographie sieht also im Grunde so aus: Männer scharren mit den Füßen, und einzelne Frauen tun so, als ob sie lesen würden, und gehen ab und zu telefonieren. Der ganze Geschlechterkrieg auf vier Quadratmetern.

Neulich sah ich mal eine junge Airline-Angestellte, die den Druck fast nicht mehr ausgehalten hätte (ich denke auch, dass ist die schwerste Situation am ersten Arbeitstag einer jungen Frau vom Bodenpersonal). Das Boarding war nun schon 20 Minuten verspätet, alle, ALLE im Raum wussten, dass das

Flugzeug auf keinen Fall pünktlich abfliegen würde, und sie hatte trotzdem noch keine Ansage über das rote Telefon bekommen, konnte also auch selber keine Ansage machen. Level 2 von Counter-Strike war erreicht, einzelne Steher und Sitzer waren schon zu ihr hingegangen und hatten aktiv und mit bösem Ton nachgefragt. Sie wusste noch nichts, konnte noch nichts sagen, musste warten wie wir alle. Und ihr choreographisches Repertoire war erschöpft. Sie hatte die Passagierliste schon zehnmal durchgelesen, dreimal mit der Crew an Bord am roten Telefon telefoniert und »zur Sicherheit« schon zweimal den automatischen Scanner und Ticketabschneider kontrolliert, damit es dann gleich schneller ginge.

HIER ZEHN VORSCHLÄGE, WAS SIE IN DEM MOMENT HÄTTE TUN KÖNNEN, UM PSYCHISCH BESSER ZU ÜBERLEBEN:

1. Singen, zum Beispiel »I Will Survive« von Gloria Gaynor oder »Worte wie Pfeile« von Daliah Lavi.
2. Strippen: mit und ohne Gesang.
3. Charity-Kochen: Einfach einen Tauchsieder aus der Handtasche ziehen, anstöpseln, Suppe warm machen, an die vorderen Reihen am Counter austeilen.
4. Games/Bingo spielen: Wer die genaue Boardingzeit einschätzt, gewinnt einen Freiflug.
5. Kommunikation/Marktforschung: Eine Vorstellungsrunde unter allen Wartenden initiieren, jeder sagt, wie er heißt, wie alt er ist und was er sich von diesem Flug erwartet.
6. Plötzlich eine Maske hinter dem Counter hervorziehen und aufsetzen: Zorro, Scream, Ronald McDonald – egal.
7. Laut aus Ihrem Tagebuch vorlesen.

8. Den Computerbildschirm umdrehen und ihre Lieblings-Youtube-Clips durchmoderieren.
9. Ihren Namen tanzen.
10. Sich einfach auf die andere Seite des Counters stellen, Zeitung lesen, telefonieren und böse ins Nichts starren.

Nichts davon geschah. Endlich klingelte das Telefon, der Himmel hatte ein Einsehen, die Angestellte machte die Boarding-Ansage (diese 20 Sekunden sind immer noch eine Extranervenbelastung, wir wissen ja, warum wir da stehen und warten, und wollen rein!) und ließ dann den Strom schlechter Laune über sich hinweg- und ins Flugzeug hineinschwappen. Und musste dazu noch 120-mal einen schönen Flug wünschen. Tough Job, besonders, wenn in dieser Situation viele »Senatoren« dabei sind.

O.k., jetzt ist es so weit, wir müssen über meine Lieblingshasssspezies an deutschen Flughäfen reden: die Senatoren!

Zuerst mal das Wichtigste, liebe Kinder: Es sind keine WIRKLICHEN Senatoren! Es ist nicht wie im alten Rom bei Asterix, die sind nicht vom Volk gewählt oder von der Senatorenkammer oder von sonst wem – das ist nur ein Name, den sich die »Lufthanseaten« von der Lufthansa ausgedacht haben für Leute, die oft fliegen. Es sind also Vielflieger. Mit ganz vielen Punkten auf ihren Rabattmarken-Sammelkarten, ab 130 000 STATUSmeilen in zwei Jahren, sodass sie von der heiligen Airline in den »Status« des »Senators« erhoben werden, eine Art Honorarkonsul der Lüfte (ab 600 000 Meilen gibt es auch noch den HON Circle, eine geheime Gruppe, die so mysteriös ist wie eine Harry-Potter-Figur und am Flughafen genauso unsichtbar, weil sie gleich durchgewunken wird). Aber irgendwann geschieht eine unglückselige Verwechslung. Irgendwann glauben die »Senatoren«, sie seien echte Senatoren. Also noble, edle, wichtige Menschen – OHNE JEDEN KONTAKT ZU DEN NORMALEN STERBLICHEN! Und dann führen sie sich auf wie – mein Opa hätte früher gesagt »zehn nackte Neger«. Also sage ich heute politisch korrekt: »Wie zehn im Genitalbereich überdurchschnittlich bestückte Männer egal welcher Hautfarbe ohne Kleidung«. Oder anders gesagt, sie benehmen sich, ALS HÄTTEN SIE ZUM FRÜHSTÜCK DAS GANZE FLUGZEUG GEKAUFT!

Natürlich sind sie meistens vom Typ her Steher und von der Position im Flugzeug her Gangsitzer, logisch. Aber nicht nur das: Sie haben vor allem am Gate das Recht, zu spät zu kommen, alles aufzuhalten und bei Überbuchungen anderen den Platz wegzunehmen und überhaupt nur Ärger zu machen. Denn sie sind ja SENATOREN. Sie haben auch eine kleine Karte, auf der das steht. Und die wedeln sie dann immer vor den Augen der anderen Passagiere und Angestellten, damit man ihren »Status« nur ja erkennt. Dabei sind sie meistens nur mittleres Management, das viel fliegen muss, weil die Eigentümer und Großmanager der Firmen natürlich lieber vor Ort bleiben und nicht gerne fliegen.

Sie merken, ich echauffiere mich. Aber diese Leute haben mich schon so oft wahnsinnig gemacht, weil sie sich paradox verhalten: Wenn sie oft fliegen und deshalb genau wissen, wie es geht – dann könnten sie doch NETT UND HÖFLICH sein. Weil sie eben nicht im Stress sind, wie aufgeregte Urlaubsflieger oder Mütter mit Kindern. Weil sie den Ablauf kennen. Weil sie MITARBEITEN könnten.

Gott sei Dank haben sie ihre eigene Lounge. Da sind sie getrennt vom Rest der Welt und können zusammen Rom spielen.

Gerne schicke ich ihnen noch einen Caligula oder einen Nero dazu. Samt Clubkarte.

Aber horch, eben ist schon wieder ein magisches Wort gefallen, dem wir uns länger widmen müssen. Und das Wort wird uns beruhigen und uns von allem Senatorenärger und allen Gate-Choreographien in eine wunderbare weiche Welt voller Freigetränke und Duschkabinen wegführen. Ich meine natürlich das Wort »Lounge« – mal sehen, ob wir reinkommen.

EXKURS: LOUNGE ME BABY (DIE LOUNGE)

Inzwischen hat ja jeder eine zu Hause. Das, was früher Wohnzimmer hieß, ist heute eine Lounge. Oder mindestens hat jetzt die hippe Bar um die Ecke eine Cocktaillounge. Oder IST sogar eine. Wir loungen und loungen und loungen ...

Und deshalb wollen wir das auch am Flughafen. Wir wollen dem Stress und dem Lärm der Terminal Illness entkommen und in tiefen Teppichen waten, von attraktiven Kellnerinnen Champagner eingeschenkt bekommen, bis wir zum Gate schwimmen und in tiefen Polstersesseln versinken, sodass wir fast unser Flugzeug verpassen – einfach loungen ...

Das alles könnte so einfach sein, aber vor das Loungen hat die Logik der Flughäfen eine ganz anders temperierte Lounge-Lady gesetzt – die Zerbera.

Kennen Sie noch Zerberus, den Höllenhund? Das war der Wachhund der griechischen Mythologie, der am Hölleneingang aufpasste, dass nur die Richtigen reinkamen. Und wenn Sie sich diesen Hund jetzt im Körper einer Fünfzigjährigen, dick geschminkten und schon länger den Freuden der Sinnlichkeit entsagt habenden deutschen Frau vorstellen – dann haben Sie Zerbera, die Lounge Lady. Sie kennen Sie alle, denn Sie haben alle schon mal versucht, in das gelobte Land voll Honig und H-Milch reinzukommen, und zwar mit den wüstesten Lügen: Karte vergessen, jemanden suchen, der »drin« ist, einfach durchlaufen, »nix verstehen« usw. Und vielleicht sind deswegen die Zerberas auch so schlecht gelaunt, weil sie die Sprüche auch jeden Tag hören und so leid sind. Oder weil ihr Job so wahnsinnig langweilig ist – »Ja«, »Nein« und »Kann ich mal Ihr Ticket sehen« – das sind ihre drei Standardsätze, die ganze Schicht lang. Aber meine Theorie zu den Zerberas ist folgende (und damit verabschiede ich mich wahrscheinlich jetzt aus den deutschen Lounges und muss wieder beim Steh-Coffeeshop überteuerten Cappuccino trinken …): Sie können auf Grund ihres natürlichen Charmes und ihrer überquellenden Freundlichkeit einfach nirgendwo sonst am Flughafen mehr eingesetzt werden. Sie waren mal am Gate oder Check-in, sie waren vielleicht sogar mal Chef-Purserin in der Luft, aber irgendwann hat jemand erkannt: »Hör mal, mit deinem Talent, not to amuse, kannst du nur noch die Loungetür bewachen!«

Gott, gucken die einen kritisch an! Dagegen war ja die Tür am »Studio 54« frei und fröhlich!

SIE KÖNNTEN EIGENTLICH GLEICH DIREKT DIE KLASSISCHEN TÜRSTEHERSÄTZE SAGEN:

1. Du o.k., aber Freund nisch!
2. Vergissesalder!
3. Mir sin enne Glub (Köln).
4. Willseärgeroderwas?
5. Welche Liste?

Stattdessen machen sie die eine Handbewegung – rechts oder links – Business-Lounge oder – ggrh – Senator-Lounge – also auch da kann man mit einer Geste noch runterstufen. Und für was?

So, und nun kommt die Wahrheit, liebe Leserinnen und Leser, die Sie schon immer wissen wollten, was sich hinter den Zerberas und den heiligen Türen der Lounges verbirgt, hier kommt die Wahrheit: Drei mal »K«: Kaffee, Kekse, Krebs-Schlagzeilen. Meistens sieht man in den »luxuriösen« und »eleganten« Gemächern nur Businessmänner in weißen Hemden in grauen Sesseln sitzen und die BILD-Zeitung lesen (und ein bisschen Todesstreifenpolitik praktizieren: Jackett und Aktentasche natürlich auf dem Sitz nebenan zur Vermeidung menschlicher Nähe). Dazu eben mittelmäßiger Kaffee und … Kekse. Und nicht etwa tolle Kekse, nicht welche von Schweizer Confiserien oder französischen Patissiers – nein, es ist dieser zuckerbestreute Mürbeteigkeks aus den runden Metalldosen mit dem weißen Papierkragen drumrum. Das ist das wahre Ausmaß des Luxus in deutschen Lounges: der Konferenzraumkeks! Wahrscheinlich, damit sich die Businessmänner etwas heimischer fühlen. Und ab und zu einen Möhrenstreifen – fürs Gesunde! Und viel schlechte Parfums. Fazit: Sie haben nix verpasst!

Außer vielleicht in der Senator-Lounge, denn da gibt es bestimmt Kaviar, an Stangen tanzende Models und Live DJs – das weiß ich ja nicht, denn ich bin ja kein Senator. Und darauf bin ich stolz. Meine Lieblingsfantasie ist, dass alle Senatoren alle Zerberas am Eingang der Senator-Lounges heiraten müssen. Oder vielleicht sind die Zerberas die Exfrauen der Senatoren, die inzwischen die Stangentänzerinnen geehelicht haben – ich komme ins Träumen. Denn mein Boarding hat sich verschoben, und ich hab kurz die Augen geschlossen, um die Steher-Stenze nicht zu sehen.

UND HABE IN MEINEM IPOD MEINE SPEZIELLE PLAYLIST FÜR DAS GATE ANGESTEUERT. DIE DA IST:

1. Give Peace a Chance – John & Yoko
2. Moving on up – M People
3. Words (Don't Come Easy) – F. R. David
4. Love to Love You Baby – Donna Summer
5. Love is a Battlefield – Pat Benatar
6. Ich hab keine Angst – Milva
7. Open Your Heart – Madonna
8. Stairway to Heaven – Led Zeppelin
9. Fly, Robin, Fly – Silver Convention
10. Games without Frontiers – Peter Gabriel (»If looks could kill they probably will«)

FLIGHT-FACT: DER GANZE FLUGHAFEN ALS LOUNGE

Einer der beliebtesten Flughäfen der Welt ist wohl der Changi Airport in Singapur. Seine Besonderheiten: Swimming- und Whirlpool auf dem Terminaldach, verschiedene Themengärten, Sauna und Fitnesseinrichtungen, Livemusik in diversen Bars. Und auch an anderen Flughäfen der Welt gibt es immer mehr »Lounge-iges« für alle – allerdings gegen Geld: zum Beispiel bei XpresSpa an 16 internationalen Flughäfen – unter anderem in New York, San Francisco, Orlando, Dallas, Atlanta und Amsterdam – gibt es sogar Wachs-Enthaarungen! Auch für Zerberas?

Kapitel 6

NÄCHSTE HALTESTELLE FLUGZEUG
(Der Bus)

Ein Verkehrsmittel, das besondere Etikette und äußerste innere Gelassenheit verlangt, ist der Bus zum Flugzeug. Manchmal, an einem guten Tag, verlässt man den Wartebereich voller Schwung, man schwebt quasi durch den Ticketabriss, man balanciert vielleicht noch Pass, Ticket, Handgepäck und Ehepartner freudig durch die Tür, durch den Gang, die Stufen hinunter und betritt beherzt – einen Bus. Es gibt sicher einen genauen psychologischen Begriff für den Frust, der zwischen Erwartungshaltung (Bewegung) und Ereignis (Stehen und Warten) entsteht – ich nenne es jetzt mal theologisch: Fegefeuer. Der Bus ist das Fegefeuer des modernen Flugverkehrs, denn noch kann alles passieren, und es passiert – nichts. Und man steht gleich vor dem ersten Entscheidungsdilemma: sitzen oder stehen? Der gesunde Menschenverkehr sagt: »Na, jetzt fahren wir ja gleich los zum Flugzeug, und da sitzen wir ja auch wieder, also bleibe ich lieber stehen …«

Mein Tipp: Wenn Platz ist, immer hinsetzen! Denn es wird nicht gleich losgehen. Im Gegenteil: Seit es in vielen Flughäfen nur noch einen Bus pro Flug gibt, wird jetzt gewartet, bis wirklich ALLE Passagiere dieses Fluges in dem einen Bus sind! Früher gab es oft noch einen magischen zweiten Bus, der flink auftauchte oder schon hinter dem ersten wartete und dann die restlichen noch fehlenden Passagiere inklusive Träumern, Schlampern und Senatoren nachlieferte. Nicht so heute – oft ist es wirklich nur ein einziger Bus, der am Gate bis zu 20 Minuten stehen bleiben kann, während Sie im Kopf schon in Mallorca sind. Endstation Sehnsucht.

Noch ein Tipp: Wenn der Bus schon ziemlich voll ist, bleiben Sie noch vor dem Bus draußen stehen. Da ist die Luft besser. Besonders im Sommer. Und auch wenn der Blick des Fahrers Sie manchmal böse streift, als ob Sie gleich wild und nackt über das ganze Rollfeld laufen würden: »Einfach injorieren!«, wie der Berliner sagt. Wahrscheinlich befinden Sie sich versicherungstechnisch auf dem Boden vor dem Bus in einer Grauzone, aber das kann Ihnen egal sein. Denn drinnen im Fegefeuer braut sich inzwischen ein Karma zusammen, das noch schlimmer ist als die schlechte Luft. Und das ist verständlich: Normalerweise fährt ein Bus, oder er steht an einer Haltestelle. Aussteigen, einsteigen und weiter. So kennen wir das seit unserem Schulbus, und deshalb sind wir das auch so gewöhnt. Was wir absolut nicht gewöhnt sind, ist, in einem vollen Bus zu stehen und zu warten. Dann ist was kaputt. Dann wird man nervös. Oder eben sehr schlecht gelaunt. Und deshalb steigt der Nervpegel im Bus nach Nirgendwo. Viele böse Blicke. Noch mehr iPods im Ohr. Das Gegrummel, wenn wieder ein einzelner Nachrücker einsteigt und alle weiterrücken müssen samt Handgepäck. Und lieber letzter Mitreisender, wir halten jetzt mal alle Entschuldigungen für wahr, es war viel Verkehr, die Kinder haben genervt, die Durchleuchtung war zu lange, du hast es Gott sei Dank gerade noch geschafft, und wir waren alle auch schon mal spät dran. Aber Fakt ist: Wenn du als Letzter einsteigst, während der Erste von uns schon seit 20 Minuten da steht, dann hassen wir dich! Kollektiv! Da hilft es auch nicht, wenn du mit dem Blick »Ach, warum haben Sie denn alle auf mich gewartet?« in unsere Richtung guckst. Gar nicht. Oder einfach am Handy weitertelefonierst. Ganz schlecht. Schön wäre ein

»Entschuldigung!« oder ein T-Shirt mit der Aufschrift »Ich wünsche uns allen einen zweiten Bus!«

Aber woher wissen wir, dass das jetzt auch der letzte Mohikaner war? Das verrät uns ein weiteres großes Ereignis bei jeder Flugreise – der Auftritt der Frau vom Gate mit DEM ZETTEL. Wenn alle da sind, muss anscheinend DER ZETTEL mit den Namen der im Bus Sitzenden und Stehenden dem Busfahrer übergeben werden. Vielleicht kann man den ja irgendwann an den Fahrroboter mailen. Aber noch ist Zeit für den letzten großen Auftritt der Frau mit dem stressigsten Job des Bodenpersonals – sie geht, eilt oder rennt an einem Bus voller Hass vorbei, übergibt dem Fahrer den Zettel, und – er darf endlich die Türen schließen und losfahren. Manchmal wünsche ich mir, die Dame würde uns nach der Zettelshow wenigstens noch hinterherwinken. Oder ein kleines Abschiedstänzchen aufführen. Als Belohnung für die ganze Warterei.

Aber auch ohne Tanz steigt die Stimmung im Bus sofort, denn nun endlich werden wir bewegt. Einzelne Handys verstummen, oder der letzte wichtige Anruf mit dem Text »Ich fahre gerade zum Flugzeug!« kann sogar ausnahmsweise gesimst werden. Wir sind noch nicht in the air, aber wir sind definitiv on the road! Nun ist der Job eines Busfahrers auf einem Flughafen bestimmt nicht besonders aufregend. Vor allem nicht mit dieser guten Laune im Rücken, für die er ja nichts kann (wobei ich auch immer von einem Busfahrer träume, der nach nur fünf Minuten Warten laut in den Bus ruft »Scheiß auf die Zettelshow – ich fahr einfach gleich noch mal rum!« und loslegt). Aber in der Welt der Busfahrer ist Flughafenbusfahrer sicher ziemlich weit unten auf der Hierarchieliste. Während andere Busfahrer Fahrkarten verkaufen, Schwarzfahrer erwischen, Abenteuer erleben und vor allem weitere Strecken zurücklegen, fährt der

Flughafenbusfahrer immer nur stumpf auf einem kleinen Gebiet hin und zurück und wird kein einziges Mal in seinem Leben von einer hübschen Frau nach dem Weg gefragt. Vielleicht legen gerade deshalb manche Flughafenbusfahrer noch eine Extrapackung Testosteron in die Fahrt, bremsen scharf an einer Ecke, fluchen, wenn ein Fahrzeug mit Gepäck noch vorbei will, oder hören extra grauenvolle Musik über ihr Radio – sie wollen einfach auch echte Busfahrer sein, Herren der Straße, Trucker mit ganz schön viel Kraft unter der Haube. Echte Kerle. Deshalb schöpfen sie die kurze Fahrt so aus, weil ja am Ende wieder die völlige Kastration wartet: Sie kommen am Flugzeug an, sie fahren noch einen eleganten Bogen, sie bremsen scharf, aber sanft ab, sie halten an der ordnungsgemäßen Position, und dann – dürfen sie nicht mal ihre eigenen Bustüren öffnen! Sie müssen wieder warten, bis eine Frau in der Flugzeugtür auftaucht und ihnen ein Zeichen gibt. Den berühmten Daumen! Und das kann auch wieder dauern!

Achtung: Liebe Leserinnen und Leser, dies ist mental einer der schwersten Momente der ganzen Reise. Sie sind jetzt schon ab Haustür mindestens anderthalb Stunden unterwegs und haben schließlich einen Bus erwischt, der Sie nach längerem Warten einmal über den Flughafen Ihrer Stadt gefahren hat und jetzt wieder hält und nicht rauslässt. Ab Abflug werden Sie innerhalb von einer Minute mehr als die Strecke zurückgelegt haben, für die Sie bis jetzt anderthalb Stunden gebraucht haben. Außerdem hängt Ihnen von links eine Duty-Free-Tüte ins Gesicht, und von rechts erfahren Sie Business-News und Aktienkurse über das Handy dieses Mitreisenden, der Angst hat, dass sein Blut einfriert, wenn er im Leben mal drei Minuten nicht telefoniert. Und Sie alle warten nun auf einen Daumen. Den letzten Daumen, der sich so wichtig nahm, gab es im alten Rom bei den Gladiatorenspielen!

Mein Tipp: Jetzt kurz die Augen schließen und das Reiseziel visualisieren (das hilft auch dann, wenn genau in dem Moment Politiker oder andere wichtige Menschen mit der Limousine vorfahren und VOR IHNEN einsteigen). Dann vielleicht noch den Mann mit dem Handy ansprechen und nach fiktiven Aktien befragen oder die Tüte des Nebenmannes einfach öffnen und nachsehen, was Sie da so in der Nase piekst. Auf jeden Fall immer daran denken: Gleich werde ich sitzen, gleich werde ich fliegen, und dann bin ich auch schon bald da! Fest daran glauben – denn in Wirklichkeit dauert das alles noch eine ganze Weile … Aber meine Erfahrung ist, wenn ich das tue, öffnet sich oft auf einmal wie von selbst die Bustür des Fegefeuers. Und ich habe den blöden Daumen nicht einmal gesehen.

Kapitel 7

REIHE 17 IST REIHE 17 IST REIHE 17
(Boarding)

ome aboard! Come aboard!« Judy Garland steht in einer großen Musicalnummer auf einem pittoresken Zug, der gerade den Bahnhof verlassen will. Bunte, hübsch gekleidete Reisende drängeln sich am Bahnsteig. Sie lachen fröhlich, verabschieden sich von ihren Lieben und steigen gespannt und frohgemut ein. Judys Gesicht leuchtet vor Reiselust. Gleich wird sie losgehen, die große Reise zu einem neuen Ziel, die aufregend und spannend wird. Man wird neue Menschen auf der Reise kennenlernen, neue Orte sehen, neue Welten. Das Zughorn tutet. Judy tutet. Es geht los.

So habe ich mir den Begriff »Boarding« immer vorgestellt. Eine einzige große MGM-»Production Number« in Pastelltönen und Sonnenschein. Das gemeinsame große Reisegefühl mit allen Mitreisenden. Und das Ganze jetzt noch in einem Flugzeug statt in einem alten Zug, hoch über den Wolken – das muss himmlisch sein …

Ich stehe an einem Montagmorgen in dem »Finger« genannten Schlauch in einer genervten Schlange, die darauf wartet, ins Flugzeug zu dürfen. Wir haben alle schon so viel gewartet, am Check-in, am Gate, manche noch im Bus zum Flugzeug, und nun stehen wir in einem licht- und luftlosen Schlauch mit Werbetafeln links und rechts und versuchen, ruhig zu bleiben. Wenn einmal eine Revolution unter den modernen Flugreisenden ausbrechen wird, dann hier. Im Enddarm der Personenbeförderung.

Ich versuche, mich zu beruhigen und gleichzeitig nicht zu sehr den Wolfskin-Rucksack anzustarren, den die Reisende vor mir auf dem Rücken trägt. Wie sie den nur als Handgepäck durchgekriegt hat? Das Ding ist riesig! Da ist ein ganzer Campingtrip drin. Und anscheinend hat diese Wolfshaut auch einen desensitivierenden Effekt, denn die Trägerin hat, zumindest nach hinten, ihr Raumgefühl völlig verloren. Sie geht ab und zu plötzlich einen Schritt zurück, und die Wolfspfote klebt mir fast auf der Stirn. Dann geht sie wieder mit den anderen voran, um wieder plötzlich zu stoppen und mich wieder auflaufen zu lassen. Es ist der »Trolley als Waffe«-Effekt, nur rückwärts und im Trekking Look. Und wo genau wird sie dieses Monstrum im Flugzeug verstauen? Bestimmt nicht unter dem Vordersitz, denn dann würde dieser samt dem auf ihm Sitzenden abheben. Und hoffentlich nicht im Fach über unserer Sitzreihe, denn dann bekäme ich mein kleines Handgepäck da gar nicht mehr rein. In dem Moment geht es wieder zwei Schritte vor. Und stopp. Wissen Sie, was – ich verzichte jetzt auf meinen Urlaubsflug und auf alle Geheimnisse von Sevilla – ich will jetzt nur sitzen. Von mir aus auch wieder im Terminal. Da gab es wenigstens Kaffee.

Genau, ich könnte ja statt in Spanien im Terminal Urlaub machen. So wie Mehran Karimi Nasseri. Ich könnte viel Kaffee trinken, mich im Krawatten-Massagesalon verwöhnen lassen und ab und zu am Gate der Airline-Azubine böse ins Gesicht starren. Das wäre auch erholsam. Mehr jedenfalls als die Zeit hier mit der, die mit dem Wolf schwankt …

Wieder zwei Meter vor. Ich kann den Eingang zum Flugzeug jetzt schon sehen. Davor lehnt ein Mann in orangefarbener Weste, entspannt, fast heiter, und mustert skeptisch uns Schlauchbewohner. Den Mann kenn ich, das ist der »Geben Sie das doch direkt am Flugzeug ab«-Kinderwagenverstauer. Ich nenne ihn Schlauchi. Er nimmt jetzt der entnervten Mutter an der Flugzeugtür noch ihr letztes Hilfsmittel der Kinderbetreuung ab und trägt es fort ins Nichts. Besser noch: Er öffnet eine Tür im Schlauch (Es gibt eine Tür! Freiheit! Luft! Lärm!) und trägt den Buggy eine kleine Stahltreppe runter – ins Nichts. Das Baby fängt an zu schreien (wo ist mein Fahrzeug?), die Mutter atmet durch, die Schlangestehenden wünschen sich den Buggy zurück. Und ich – ich wünsche mir zum nächsten Weihnachtsfest von Schlauchi diese kleine praktische Stahltreppe, die ich dann immer selber an diesen Schlauch-Schluss hinrolle, und dann steige ich vom Rollfeld aus direkt vor allen ins Flugzeug ein. Ich pfeif auf die Lounge, gebt mir nur diese Treppe! Ich zieh dann meinetwegen auch diese orangefarbene Weste an.

Wieder zwei Meter. Der Schlauch heißt nicht nur Finger, sondern zeigt uns auch symbolisch denselbigen. Alle gucken auf die Uhr, wir werden nie pünktlich abfliegen. Was dauert denn da vorne so lange? Ich recke den Hals orthopädisch unkorrekt zur Seite und starre nach vorne. Ah, vor dem Baby kann sich ein Mann nicht zwischen den zwei ausgelegten Frei-Zeitungen entscheiden. Ist ja auch schwer so eine Entscheidung für ein Umsonst-Presseerzeugnis, wenn man vorher im Terminal in jedem Presseshop alle Zeitschriften der Welt hätte kaufen können, inklusive der »Dubai Golf Review«. Und jetzt: »Bild der Frau« oder »Welt«? Schwierig. Bestimmt ein Senator. Wenn der später am Tag mit derselben Entscheidungskraft die übernommene Firma sanieren muss, dann viel Spaß, deutsche Wirtschaft. Und jetzt greift das Baby schon nach einem von der Stewardess angebotenen Schokoherz … es wird wohl dauern. Omm und immer wieder omm.

Gott sei Dank wird uns allen im Schlauch die Wartezeit aber von dem Mann vor der Wolfsfrau vertrieben, der laut und munter in sein Handy quatscht. Dazu noch einmal etwas Grundsätzliches: Ich habe volles Verständnis dafür (und es ist mir auch selbst schon passiert), dass man kurz vor dem Abflug noch ein wichtiges Gespräch reinkriegt oder führen muss und so die Zeit nutzt. Das kann auch im Schlauch oder im Bus ohne Ziel passieren. Aber dann tut man das leise und diskret. Was man NICHT tut, ist laut und fröhlich jemanden anrufen, um ihm (oder meistens ihr) zu sagen, dass man jetzt gleich ins Flugzeug steigt oder wann man landet! NO WAY. Dafür hat Gott die SMS erfunden und auch abgeschickt. KEEP IT TO YOURSELF. Es interessiert uns nicht! Wir wollen es nicht wissen! Vielmehr: Wir wissen es ja schon! Wir sind nämlich auch gleich im Flugzeug und wir landen dann auch wieder! Wahnsinn!

Noch ist das Flugzeug grundsätzlich handyfreie Zone, und ich danke Gott jeden Tag dafür. Aber wir alle wissen, dass Handystrahlen die technischen Geräte bei Start und Landung nicht beeinflussen, sondern dass das eine freundliche Notlüge der Airlines ist, um im Flieger noch ein paar Jahre Ruhe zu haben. Denn es wird furchtbar werden: In dem Moment, in dem ich in vielleicht zehn Jahren auf einem Mittelplatz sitze und mir anhören muss, wo Frau Schröder jetzt die Mail hinschicken soll, höre ich auf zu fliegen. Definitiv. So laut kann ich ABBAs »The Winner Takes It All« auf meinem iPod gar nicht aufdrehen. Mit Agnethas flehender Anfangszeile »I don't want to talk …«. Eben.

Manchmal achten ja diese Handy-Heinis nicht einmal mehr darauf, was sie in ihren kleinen Freund reinbrüllen, dann kann es auch lustig werden. Ich stand mal im Schlauch, und vor mir organisierte ein Businessmann (bestimmt Senator) seine ganze Dienstreisenaffäre, vor den Ohren aller anderen. Sätze wie »Warte einfach in der Hotelhalle, geh auf keine Fall zur Rezeption« und »Ein Stündchen haben wir schon« wechselten sich ab, zur allgemeinen Begeisterung aller Umstehenden. Als er endlich auflegte, hätte ich ihm am liebsten ein Kondom in die

Hand gedrückt. Die gibt es wirklich bei Travel Value! Ein Kondom für den Kommunikations-Kaiser – auch, damit ER sich nicht vermehrt …

Ich habe es nun geschafft – ich bin an der Tür zum Flugzeug, ich stehe auf diesem kleinen Podest vor der Stufe, die hineinführt, und hoffe wie immer, dass die Tragefläche hält und nicht durchbricht. Ich übersteige die Schwelle von Schlauch zu Transportmittel und sehe in das freundliche und ungerührte Gesicht der Flugbegleiter und Flugbegleiterinnen, die gerade zum hundertsten Mal »Guten Tag« sagen müssen. Wie immer lese ich verwundert folgenden Aufkleber neben der Tür: »Doors must be closed during Take Off and Landing« – »Die Türen müssen bei Start und Landung geschlossen sein« und gerate kurz leicht in Panik: Wissen die freundlichen Gesichter vor mir das etwa nicht? Fliegen die ab und zu mit offener Tür los? Was kommt als nächster Aufkleber »Sie arbeiten übrigens in einem Flugzeug, und nicht bei IKEA an der Kasse«? Sind die Piloten über den IQ ihres Personals informiert? Aber die Piloten verstecken sich ja, wie immer in diesem Moment, in der Kanzel und wollen uns Schlauch-People nicht sehen. Wahrscheinlich telefonieren sie.

Jetzt bin ich drin, und ab diesem Moment richte ich mich innerlich immer drei Zentimeter auf (trotz der niedrigen Decke, die jetzt über meinen 1,90 Meter Körpergröße hängt), denn ich habe ein Projekt, ja eine Mission: Ich möchte Vorbild sein. Ich möchte nicht nur zum Mr. Durchleuchtung gewählt werden, sondern auch zum Mr. Boarding 2010. Ich möchte der ganzen Welt demonstrieren, wie man schnell, elegant und rücksichtsvoll in ein Flugzeug einsteigt.

1. ICH HABE MEINEN SITZPLATZ MEMORIERT.

Das heißt, schlicht und einfach, ich weiß, wo ich sitze. Ich suche jetzt NICHT den Abriss des Tickets mit der Sitzplatznummer raus, ich versuche NICHT, in der schlechteren Beleuchtung des Innenraums den vielleicht schwachen Druck auf dem Ticket zu lesen, ich frage auch NICHT eventuelle Begleiter, wo wir denn sitzen. Ich weiß es einfach. 17D. Ist das so schwer?

Es scheint schwer zu sein, denn oft bin ich anscheinend der Einzige, der das kann. Oder es widerstrebt dem Menschen an sich einfach, einem bestimmten Platz zugeteilt zu sein. Vielleicht möchte der Mensch an sich jetzt, angesichts der komplexen Situation des Innenraums, noch einmal frei wählen. Oder vielleicht denkt er sich: Ach, so sieht ein Flugzeug von innen aus, mh, da weiß ich ja gar nicht, ob ich da mitfliegen will, Reihen, mh, ich dachte, ich hätte einen Platz an der Bar …

2. ICH KANN DAS ALPHABET.

Auch das ist nicht selbstverständlich. In den meisten mittelgroßen Flugzeugen gehen die Sitze von A bis F. Sechs Buchstaben. Sechs Sitze. In der Reihenfolge der Buchstaben. Könnte man schaffen. Muss man aber nicht. Denn klar: C KÖNNTE nach A kommen. Oder D vor F. Wer weiß es denn? Vielleicht gehört die Airline einem Analphabeten? Oder der Sesamstraße, und Grobi hat heute für die Sitzplatznummern nur Fs verkauft? Vielleicht heißen die Buchstaben auch gar nicht das, was ich denke? Vielleicht verbirgt sich hinter 17E ein Code, etwas Verschlüsseltes, und es bedeutet eigentlich 9C. Ich habe ja Dan Brown gelesen und bin auch öfter im Internet unterwegs. Und vielleicht lebt Michael Jackson ja doch noch und fliegt mit Elvis und James Dean gerade First. Und vielleicht fällt uns gleich der Himmel auf den Kopf. Und vielleicht beeinflussen Handystrahlen doch die Flugzeugtechnik.

3. ICH FRAGE NICHT DIE STEWARDESS NACH MEINEM PLATZ.

Sie weiß es nicht. Es steht auf dem kleinen Zettel in meiner Hand. Den ich vorher gelesen und memoriert habe.

4. DIE REIHEN GEHEN VON 1 AUS CHRONOLOGISCH WEITER NACH HINTEN.

Ein Wunder. Die Kraft der Zahlen. Ordnung, System – ein Wahnsinn, was der Mensch geschafft hat. Dein alter Mathelehrer haut dir auf die Schulter. Well done, Kepler!

5. ICH MUSS HEUTE VIEL HANDGEPÄCK VERSTAUEN, ALSO GEHE ICH ERST MAL IN MEINE REIHE UND LASSE DEN STROM VON MENSCHEN HINTER MIR DURCH.

Gut, das ist jetzt schon die Kür. Aber dafür kriege ich ja auch meine strassbesetzte Krone als Mr. Boarding 2010 und darf dann vor den Angestellten aller Airlines eine Rede über den Weltfrieden halten. Und dann werde ich anfügen: »Liebe Boarding-Experten, das mit dem Schritt zur Seite, das ist so eine kleine Spezialität von mir. Ich nenne ihn mal den Hermanns-Sidestep. In Rushhourzeiten zitiere ich auch mal die Rocky Horror Picture Show: ›It's just a jump to the left!‹ Es ist wirklich ganz einfach, und wenn ganze Massen von schlauch- und busgeplagten Mitreisenden an mir vorbeiströmen, glücklich, behänd und mit ihren fein memorierten Sitzplatznummern zu ihren numerisch sauber aufgestellten Reihen eilen, gibt mir das einfach ein Gefühl tiefer Zufriedenheit. Und ich hoffe, Ihnen allen auch. Denn: Es ist nur ein kleiner Seitschritt für mich, aber …«

6. ICH SPRECHE MIT MENSCHEN, DIE SCHON IN MEINER REIHE SITZEN.

Vielleicht auch schon wieder zu viel Kür. Aber es macht alles so viel einfacher – bitte glaubt es mir, liebe Senatoren –, wenn man verrückte Sachen sagt wie »Guten Tag! Ich sitze bei Ihnen in der Reihe.« Oder »Darf ich mal rein?«, anstatt einfach nur Leute hasserfüllt anzustarren, die auf einem Gangplatz sitzen und durch die Kraft der Hypnose dazu zu bringen versuchen, dass sie sich erheben. Versuchen Sie es einmal. Reden. Wir können es eigentlich alle.

SÄTZE, DIE MAN IN DIESER SITUATION NICHT SAGEN SOLLTE:

1. Ich rein.
2. Lassen Sie mich durch, ich bin Arzt.
3. Ich hüpfe schnell mal über Sie drüber.
4. Ich quetsch mich mal durch, das geht schon.
5. Hallo, schöne Frau, wir zwei in einer Reihe!
6. Ich möchte nicht neben Ihnen fliegen.
7. Weg da, jetzt komm ich!
8. Na, was haben die denn da Hässliches neben mich platziert.
9. Flogen Sie früher nicht immer Business?
10. Auch hier?

---

7. ICH HABE DIE DINGE AUS MEINEM HANDGEPÄCK, DIE ICH WÄHREND DES FLUGES BRAUCHE, SCHON IN DER HAND.

Dafür ist der Schlauch da! Und der Bus! Überlegenszeit – mh, was will ich im Flugzeug lesen, arbeite ich mit meinem Laptop, brauche ich meine Schlafbrille etc. Natürlich kann ich auch JETZT (im Gang stehend, als menschliches Hindernis, quasi der Oxer der Lufthansa) überlegen, was ich JETZT aus meinem Handgepäck rausholen will – dann muss ich aber auch damit rechnen, dass eventuell jemand über mich drüberspringt.

8. WENN ICH BUSINESS FLIEGE, GEBE ICH MEINEN MANTEL DER STEWARDESS GLEICH VORNE ODER WARTE, BIS SIE ZEIT HAT, IHN VOM SCHOSS AUF MEINEM SITZPLATZ ZU HOLEN.

Ein Sonderfall-Tipp, aber für Businessflieger sehr wichtig. Ihr Lieben, zur Information: Ihr habt jetzt mal von den internationalen Menschenrechten her kein GRUNDRECHT auf eine Mantelhängung im Extraschrank. Der Flugbegleiter oder die Flugbegleiterin schaut, ob das geht, ob da Platz ist, und versucht ihr Bestes. Natürlich KANN ich auch aus Protest gegen diese Ungerechtigkeit mitten im Gang stehen bleiben, mit beleidigtem Gesicht mit meinem Mantel zurückwedeln und einen kleinen Textiltanz aufführen. Dabei können ja dann auch alle Mitreisenden noch mal sehen, dass der Mantel von BOSS ist. Und dass deshalb der Businessreisende auch ganz bestimmt einer ist. Aber wenn es, ab und zu, wirklich mal vorkommt, dass der Mantel oder das Jackett nicht weggehängt werden kann – ruft nicht Kofi Annan oder die Polizei. Nutzt den kleinen schicken Haken an der Rückenlehne Eures FREI-EN Mittelplatzes!

Ein Sonderfall beim Einstiegsprozess ist sicher das weibliche Pendant zum Senator – ich nenne sie das Madämmchen. Das Madämmchen hat zu viele Folgen von »Sex and the City« gesehen und benimmt sich im Flugzeug, als wäre sie in einer Shopping-Mall ohne Geschäfte. Sie hat IMMER zu viel Handgepäck dabei, mindestens vier unförmige Dinge baumeln von ihren Armen, einige davon sogenannte It-Bags, also Es-Taschen, einige Einkäufe, vielleicht noch ein Louis-Vuitton-Kleidersack,

Blumen, Hunde, Hutschachteln. Das Madämmchen löst alle Probleme beim Boarding mit einem klassischen Madämm-chen-Mittel, seit in der Steinzeit der erste Vollidiot einer frühen Sharon Stone den Bison hinterhergetragen hat: Sie tut so, als verstünde sie gar nichts. In ihren innerlich immer weit aufge-rissenen Augen (die natürlich hinter riesengroßen Designer-Bienen-Sonnenbrillen versteckt sind) stehen alle möglichen Fragen über die moderne Flugreise, heute oft in kyrillischer Schrift. »Was – da soll ich sitzen? Aber WO soll ich denn mit all den Sachen HIN? Und mein kleiner Putzifitz? Der hat doch SO VIEL Angst vorm Fliegen? Und muss ich jetzt wirklich mit den Armen ganz schnell hin und her schlagen, damit wir abheben?«

Die tödliche Kombination von einem Madämmchen und zweieinhalb Senatoren mit Mantelballett im Einsteigebereich kann meiner Erfahrung nach einen gesamten Abflug um bis zu 30 Minuten verzögern. Und während das Madämmchen ver-wundert den Kippschalter am Sitz ausprobiert (»ZURÜCK?«) und der Senator mit der Stewardess diskutiert (»Ich mache Sie persönlich für den zerknitterten Zustand dieses Jacketts und den damit verbundenen nicht erfolgten Abschluss meines heu-tigen Deals regresspflichtig!«), steuern wir auf meinen liebsten kollektiv-kindlichen Moment jedes Flugs zu: den Drei-Affen-Moment.

Erinnern Sie sich noch, als Sie sich als Kind tot gestellt ha-ben? Nichts sehen, nichts hören, nichts ist da? Diese Kraft, dieser unbedingte Glauben, dass durch den sinnlichen Aus-schluss der Realität diese aufhört zu existieren? Wir glauben ja heute als Erwachsene, dass wir dieses Spiel nicht mehr spielen, aber wir tun es alle, bei jedem Flug. Es ist der Moment beim Boarding, bei dem die Stewardess den magischen Satz sagt: »Wir bitten Sie, schweres und großes Handgepäck unter dem Sitz zu verstauen und nicht in den Fächern über dem Sitz«, und alle – und ich meine wirklich ALLE – in diesem Moment ihren schwersten Koffer hoch in das Fach über dem Sitz pressen. Wir stopfen, wir schnaufen, wir zerdrücken kleine Tiere – aber wir wollen das schwere Gepäck NACH OBEN HABEN. Nichts sehen, nichts hören, nichts existiert. Ich stelle mir diesen Moment immer aus den Augen der Stewardess vor. Und ihre innere Frustration: »WENN JETZT SCHON NIEMAND TUT, WAS ICH SAGE, was passiert dann erst bei einer Notlandung?«

ANDERE MÖGLICHKEITEN, WAS IHR DURCH DEN KOPF GEHEN KÖNNTE:

1. Dann fliegt doch ohne mich.
2. Das war Kisuhaeli.
3. And fuck you too.
4. Das soll euch alles nach der Landung auf den Kopf fallen und das Genick brechen, ihr undankbares Pack.
5. Bin ich bei »Verstehen Sie Spaß«?

Natürlich gibt es Gründe für unser Verhalten. Der Hauptgrund ist, dass wir nicht den kleinen Rest Fußfreiheit unter dem Vordersitz aufgeben wollen im Tausch mit einem locker und flockig bepackten Oberfach. Aber trotzdem: Die Art, wie wir alle gemeinsam so tun, als wären wir gerade taub, blind und stumm, amüsiert mich immer wieder. Und ich denke, ab da behandeln uns die Flugbegleiterinnen und Flugbegleiter endgültig wie kleine Kinder. Mit Recht.

Ihnen fällt auf, dass Ihr Flieger keine 17. Reihe hat? In Italien und Brasilien gilt die 17 als Unglückszahl. Einige Fluglinien, darunter die Lufthansa, nehmen darauf Rücksicht und bieten diese Reihe – genauso wie die in vielen Ländern verpönte 13. – gar nicht erst an.

Die 17 wird in römischen Ziffern »XVII« geschrieben, viele Italiener erinnert das offenbar an das lateinische Wort »VIXI«, was heißt »Ich habe gelebt«, ergo »Ich bin tot.« In einigen chinesischen Sprachen klingt die Zahl vier ähnlich dem Wort »Tod« und gilt somit als schlechtes Omen. Auch die 23 ist Verschwörungstheoretikern suspekt. Wenn Sie ebenfalls Zahlen gegenüber abergläubisch sind, sollten Sie sich am besten bereits bei der Buchung, spätestens aber beim rechtzeitigen Einchecken um einen Platz Ihrer Wahl bemühen.

UND HIER NOCH EIN TOPVIELFLIEGERTIPP: SEAT PITCH – der Abstand zwischen den Reihen. Welche Airline hat wirklich den meisten Platz?

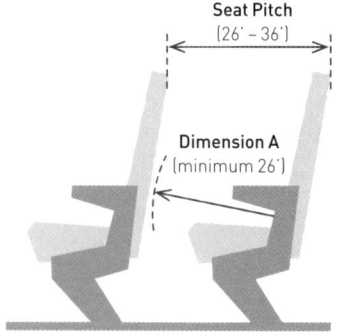

Der Seat Pitch ist der Abstand zwischen den Sitzreihen und wird vom Rücken eines Sitzes zum Rücken des nächsten gemessen. Die UK-Regulations verlangen einen minimalen Abstand von 28 Inches/71 Zentimeter oder in der Dimension A im Diagramm 26 Inches/66 Zentimeter. Wenn ich in einem Sitz sitze, brauche ich für meine Dimension A 65 Zentimeter, das heißt, ich habe in meiner Dimension A noch EINEN Zentimeter Platz. Juchhu!

Die Airlines mit den besten Seat Pitches:		Und die schlimmsten:	
VARIG:	34˚	AIR 2000:	28˚ -29˚
AIR CHINA:	33˚	BMIbaby:	29˚
AIR MAURITIUS:	33˚	easyJet:	29˚
AIR NAMIBIA:	33˚	FIRST CHOICE	
ALL NIPPON:	33˚	Kurzstrecke:	28˚ -29˚
MALYASIA:	34˚	JMC:	28˚
AVIANCA:	34˚		

Bei mir zählt jeder Zentimeter!

Kapitel 8

DER KLASSENKAMPF
(Die Klassen)

E conomy, Business oder doch lieber First?«, flötete es mir wieder einmal bei einer telefonischen Buchung ins Ohr, und wie immer hätte ich die sicherlich freundliche Dame am anderen Ende wegen diesem »doch lieber« anpflaumen mögen. Ja, sehr gerne, ich denke die meisten Menschen würden grundsätzlich »doch lieber« First Class fliegen. Wenn man dafür nicht eine Hypothek auf sein Haus aufnehmen müsste. Ein First-Class-Flug von Frankfurt nach Hawaii mit Lufthansa kostet ungefähr 9 000 Euro. Dafür muss eine alte Frau lange stricken, hätte meine Oma gesagt. Und ein junger Mann lange Lotto spielen. Oder man sammelt doch genug Meilen, um dann eines Tages aufzusteigen in die bessere – und schon sind wir mittendrin: im Klassenkampf.

In jedem Flugzeug kann man den real existierenden Kapitalismus ganz genau studieren. Während im restlichen Leben dem Luxus oft hinter dicken Wänden und in separaten Hinterzimmern gefrönt wird, sieht man im Flugzeug immer ganz genau, wer wo was mehr bekommt. Deshalb hat das Fliegen für mich auch grundsätzlich ein revolutionäres Potential. Der Sturm auf die Barrikaden könnte sich jederzeit wiederholen auf einem ganz normalen Flug Berlin – München, wenn eine Gruppe entschlossener Reisender (deren Nerven von allem vorher eh angespannt sind) einfach mal von der Economy Class nach vorne stürmen und den grauen Trennvorhang runterreißen würde. Gleichheit, Brüderlichkeit, Beinfreiheit. Liebe Airlines, das kann jederzeit passieren!

Insofern sind die Billig-Airlines natürlich demokratischer als das alte Klassensystem. Denn hier geht es allen gleich schlecht. Wer das Orange-Braun der easyJet-Uniformen geistig und ästhetisch durchgestanden hat, geht meiner Meinung nach sogar noch psychisch gestärkt aus dieser Erfahrung heraus. Ich meine: Haben Sie sich je gefragt, warum der Buddhismus in Deutschland in den letzten Jahren so viel Zulauf hatte? Könnte es mit dem Aufkommen der Billig-Airlines zu tun haben? Ich meine, wo muss man mehr Omm summen als auf einem Mittelsitz bei Ryanair? Man müsste eigentlich den Dalai Lama einmal testen, ob der diesen Platz von Dublin bis Tibet aushält? Obwohl mir mein Gefühl sagt, der Dalai Lama fliegt doch lieber First.

Seit ich fliege, spüre ich bei jedem Flug einen inneren Widerwillen gegen dieses Klassensystem. Vielleicht habe ich doch etwas Fidel Castro in mir, denn von Anfang an beobachtete ich die Unterschiede zwischen Reihe 3 und Reihe 23 sehr sehr genau. »First« war ich noch nie. »First« ist für mich ein Trugbild, in etwa wie das Ungeheuer von Loch Ness oder das Bermudadreieck, eine Treppe nach oben bei Langstreckenflügen, über die Menschen ins Nirwana entschwinden und dort den Dalai Lama treffen. Aber die anderen beiden Klassen kenne ich gut und auch die Menschen, die sie bewohnen. In diesem Kapitel möchte ich beide einmal ganz grundsätzlich beschreiben.

A: DIE SOGENANNTE ECONOMY

Ich hasse Menschen, die zur Economy »Holzklasse« sagen, weil es nur Menschen sind, die nie in der Economy reisen würden. Menschen, die in der »Holzklasse« sitzen, sagen nie »Holzklasse«, aber wahrscheinlich sagten früher Galeerensklaven auch nicht »Galeeren«, sondern »Schiffe mit Ruderverpflichtung«.

Aber ich mag auf der anderen Seite auch das Wort »Economy« nicht, weil es auf ganz abgefeimte Weise etwas behauptet, dass so nicht stimmt: nämlich, dass der »Economy«-Preis übersetzt die günstigere, sparsame Preisvariante gegenüber dem normalen Preis ist, also dem Business-Class-Preis. Welcher fiese Maketingmann hat diesen Euphemismus erfunden? Der Economy-Preis, und das wissen wir nun genau seit dem »Billigpreis« der »Billig-Airlines«, ist nicht die günstigere, sparsame, »ökonomischere« Preisalternative zum Business-Preis – es ist der ganz normale Preis für ganz normale Menschen. Es müsste also eigentlich »Normal Class« heißen. Oder »Average Class«. Oder »Standard Class« (bei Turkish Airlines heißt es übrigens ganz herablassend »Common Class« …). Mein Vorschlag: »Citizen Class«. Dann spürten wir vielleicht auch mehr, wer im Flugzeug eigentlich das Sagen hat, nämlich die Bürgerklasse, die zahlenmäßig auch in der Maschine überwiegt. Das wäre dann, auch vom Namen her, Demokratie in der Luft. Da aber die Airlines überwiegend von den Businessfliegern leben, ist die Economy Class wirtschaftlich gesehen nur ein Zubrot, ein Auffüllen der Maschine, die mit nur zehn Reihen Business Class vielleicht auch etwas albern aussehen würde. Deshalb fühlt man sich hier vielleicht so oft als menschliches Gepäck. Weil man es eigentlich auch ist.

Wie sieht es nun faktisch in der Economy aus? Eng, das ist klar, besonders wenn man den unbeliebten Mittelplatz erwischt hat. Der Mittelplatz ist ja besonders aus einem Grund verhasst: ER HAT KEINE ARMLEHNE. Das heißt, offiziell schon. Aber in Wirklichkeit … Hier kommt wieder mal ein weiteres Mysterium des Fliegens:

EXKURS: DAS LEHNENLOTTO-MYSTERIUM

Es ist erst mal wie eine Mathematikaufgabe. Aufgepasst: Jede Dreierreihe im Flugzeug hat insgesamt vier Armlehnen. Für drei Menschen. Macht wie viel Lehne pro Mensch? Richtig: 1,333333 unendlich. Dann ist es ja gut, denkt man sich, rein mathematisch hat also jeder ein Anrecht auf eine Lehne. Drei Menschen lehnen je einen ihrer Arme auf. Gerecht, fast schon genial. Jetzt kommt aber das Mysterium: Sitzen alle drei Menschen in einer Reihe in der Economy, und du bist in der Mitte, sind auf einmal die beiden mittleren Armlehnen völlig verschwunden! Magisch! Hier der Grund: Da die beiden Menschen an Gang und Fenster in 90 Prozent der Fälle einfach beide Arme auf »ihre« Lehnen legen, bleibt natürlich für die mittlere Person folgendes Ergebnis übrig: null Lehne. Niente. Nada. Jetzt ist es nicht einmal so, dass die beiden äußeren Personen einfach nur böse oder schlechte Menschen sind – nein, ähnlich wie im stehenden Bus ist hier ein Planungsfehler im Design der Reihe vorhanden, der den Menschen genetisch verwirrt. Denn ein Sitz oder Stuhl hat ja IMMER ZWEI LEHNEN (selbst der elektrische Stuhl, obwohl es da nun wirklich nicht mehr drauf ankommt)! Wenn ein Kind einen Stuhl malt, malt es natürlich zwei Lehnen, denn der Mensch hat ja zwei Arme. Also ist es in den Köpfen der Menschen seit jeher klar: Ein Stuhl hat zwei Lehnen für meine zwei Arme. Und dieses Urwissen trifft jetzt auf die Situation »vier Lehnen für drei Menschen« ... Chaos!

Vielleicht sollte man einfach mal sammeln, so eine Aktion »Lehnen für Lufthansa«! Spenden Sie eine Lehne und befreien Sie den Economy-Menschen aus einem genetischen Dilemma! Aber das gibt es leider nicht, und so folgen die Außensitzenden einfach ihrer genetischen Disposition, und der Mensch auf dem Mittelplatz kann jetzt eine kleine Armverknotungsübung machen. Bei den meisten sieht das so aus: Die Schultern nach vorne innen einkippen, die Hände elegant übereinander schlagen wie ein Topmodel, das teure Ringe verkaufen soll, und so bitte während der gesamten Flugdauer verharren. Ich sehe mit meinen 1,90 Meter auf einem Mittelplatz mit überschlagenen Beinen und der Knotenstellung immer ein bisschen aus wie ein Marlene-Dietrich-Imitator auf der Suche nach der richtigen Pose ...

Man kann natürlich auf dem Mittelplatz auch etwas ganz anderes machen, etwas Deutscheres, und laut für sein Recht auf Lehne kämpfen. Eine Diskussion darüber, wem welche Lehne per Gesetz gehört, muntert sicher jede Reise auf ... Aber es gibt auch Hoffnung: Einige Außenmenschen versuchen nämlich wirklich ganz instinktiv, sich – entgegen ihrer genetischen Programmierung – nobel und gerecht zu verhalten und die mittleren Lehnen mit dem Mittelmensch zu teilen. Das geht dann zum Beispiel so, dass der eine Äußere seinen Arm auf die hintere Hälfte »seiner« inneren Lehne legt und so dem Mittelplatzler die Möglichkeit gibt, die vordere Hälfte selbst zu belegen. Jetzt wird es fast Mengenlehre. Wenn sogar beide Außendienstler nett und erwachsen sind, kann so eine fast ideale Situation erreicht werden, in der alle drei ihre insgesamt sechs Ellenbogen auf den vier Lehnen unterbringen. Eine Win-Win-Win-Situation. Das erfordert aber schon sehr viel Feingespür und fast choreographische Fähigkeiten. Und wenn einer seine Position verändert, müssen die anderen natürlich nachziehen, weil sich die Spielposition der Ellenbogen verändert hat. Und wenn dann noch jemand eine Zeitung ausklappt ...

Ich bin ja inzwischen Vollprofi beim Lehnenlotto! Ich schaffe es sogar, in einer vollen Lufthansa-Maschine in der Economy auf einem Mittelplatz die Süddeutsche Zeitung zu lesen, ohne meine Außensitzer zu bedrängen! Darauf bin ich aber auch richtig stolz, das war jahrelanges Training! Es ist bei mir eine Mischung aus der »Marlene modelt Schmuck«-Pose verbunden mit einer genauen Origami-Falttechnik des Presseerzeugnisses. Und das Ganze völlig ohne Berührung irgendeiner Lehne! Und wenn dann noch das Essen kommt ... Nach so einem Flug bin ich zwar immer in den Schultern und Beinen völlig verspannt, aber ich fühle mich dann emanzipiert. Und ich finde, dafür hätte ich im Flugzeug ab und zu Applaus verdient.

Ein Flug in der Economy hat menschlich gesehen ja immer ein herausragendes Merkmal: Kontakt. In dieser Klasse hat man Kontakt zu seinen Mitreisenden, ob man nun will oder nicht, und nicht nur auf der Lehne. Gerüche, Geräusche und allgemeine Nähe erfordern unsere höchste Konzentration, und deshalb starren wir die Flugbegleiterinnen und -begleiter ja oft aus der Economy-Reihe so böse an. Denn: Die können sich bewegen! Die laufen rum, während wir gerade fixiert sind wie Alkoholiker im Ausnüchterungs-Bett! Die können den frischen Knoblauch links und das alte Aramis rechts weiträumig umgehen. Und auch den Blick des Babys meiden, das sich gerade wieder einmal mit dem Kopf über die Vorderlehne schiebt …

Ein Tipp dazu: Beginnen Sie im Flugzeug NIE mit einem Kind in der Reihe vor sich das Spiel »Jetzt siehst du mich und jetzt nicht mehr«, bei dem Sie und das Kind abwechselnd raufund runterrutschen. NIE! Das Kind wird nicht aufhören. Oder es wird weinen. Ich habe dieses Spiel einmal einen ganzen Flug lang von München nach Montreal spielen müssen. Weil das Kind so süß war. Und weil ich der Mutter ihren Schlaf gönnte. Aber am Schluss wünschte ich mir, wenn der Kopf wieder lustig hinter dem Vordersitz auftauchte nur noch eins – eine Reiseguillotine!

Natürlich kann man in der Economy nette Gespräche führen. Und ich sage Ihnen hier schon mal eins: Wenn Sie im Flugzeug nette Gespräche führen werden, dann nur in der Economy! Meistens mit freundlichen ausländischen Studenten, die mit ihrem Deutsch-Wörterbuch und einem Stadtplan dasitzen und versuchen, Osnabrück von Paderborn zu unterscheiden (was ja auch schon für uns Deutsche schwer möglich ist). Mit denen kann man oft gut über deutsche Eigenheiten wie die schwule Ehe und Pfandflaschen plaudern und sie so gut auf ihren ersten Weg zu einem Kiosk in Köln vorbereiten. Aber versuchen Sie ihnen nicht das mit dem deutschen Recht auf Halbierung der mittleren Armlehne zu erklären, dann wollen die gleich zurück nach Barcelona.

Das ist mein Fazit zur Economy, nein, zur Citizen Class: eng, aber freundlich. Und auf den Mittelplätzen akrobatisch. Aber wenden wir uns nun dem Ort der Verheißung zu, hinter dem Stoff, wo die Träume sind – der Business Class.

B: THERE IS NO BUSINESS LIKE BUSINESS (DIE BUSINESS CLASS)

Luxus pur. Platz genug für alle Extremitäten. Champagner fließt in Strömen und nur die attraktivsten Stewardessen und Stewards arbeiten da und lesen dir jeden Wunsch von den Augen ab. Was hinten Gesetz ist, betrifft dich vorne nicht. »Tja, die Business Class hat ihre eigenen Regeln!«, sagst du lachend zu deinen charmanten Mitreisenden und prostest ihm oder ihr fröhlich zu. Sollen die hinten sich doch stapeln, wenigstens bleibt so das Flugzeug in der Balance. Yin und Yang, Lack und Pack. Erstmal die Rückenlehne so weit zurückstellen, dass man gerade noch die Gabel ausbalanciert zum Mund führen kann. Apropos Gabel: Hm, was sollen wir denn heute essen? Huhn Provençale oder Rindersteak? Und welchen Nachtisch sollen wir wählen? Die Crème brulée oder doch das Granatapfel-Sorbet? Und den Wein doch schon zu den Antipasti oder …

Das ist die Fantasie, aber die Wahrheit heutzutage ist eher eine sehr kleine Packung Erdnüsse. In der innerdeutschen Business Class gibt es, neben etwas anderem Essen und Trinken, für mich als Hauptunterscheidungsmerkmal eine Packung Erdnüsse. Umsonst! Einkaufspreis 50 Cent. Luxus, sehr pur. Und ich mag im Flugzeug nicht mal Nüsse. Denn die verstopfen bekanntlich den Darm und führen zu einer mächtigen privaten Gasproduktion. Airline-Angestellte wissen es: Wenn Flugzeuge nach Langstreckenflügen landen, bei denen viele Nüsse verteilt wurden, und die Türen geöffnet werden, braucht der Herr Öffner äußerst unsensible Riechorgane. Die schicke Boeing ist dann nämlich eher ein fliegendes Furzkissen.

Der geträumte Luxus der Business Class stammt noch aus Bildern der sechziger und siebziger Jahre. Da sah man noch die bildschönen Stewardess-Models in Couture-Uniformen durch breite Gänge schweben und mit einem Augenzwinkern den Champagner nachgießen. Es gab auch mal eine echte Wand zwischen den Klassen! Und sicher – bei internationalen Business-Flügen gibt es davon auch heute noch einen Hauch, dazu später mehr. Aber innerdeutsch zahlt man heute den teuren Preis für die Business Class nicht mehr für Luxus, sondern für die gebuchte Gnade des freien Mittelplatzes (also die eigenen zwei Lehnen für die eigenen zwei Arme), einen sogenannten Snack (inklusive Erdnüsse vorne und Schokolade hinten), Champagner statt Sekt, eine freie GALABUNTE und die Umbuchbarkeit des Tickets. Punkt. Der Rest, liebe an dieser Stelle mit Recht lächelnden Standardflieger, also Breite und Bequemlichkeit der Sitze, Gangbreite, Rückstellbarkeit der Sitze ist absolut gleich.

Wo wir gerade beim Thema »Rückstellbarkeit der Sitze« sind:

DAS OBERMYSTERIUM: DIE PLACEBO-RÜCKENLEHNE

Fakt: Man kann im Flugzeug keinen Sitz mehr zurückklappen. Nein, widersprechen Sie mir nicht. Was man heute noch machen kann, ist den Sitz einen halben Zentimeter weiter nach hinten kippen und so der Wirbelsäule SUGGERIEREN, man hätte einen Sitz zurückgeklappt und könnte sich deshalb jetzt besser entspannen. Das nennt man eine Placebo-Rückenlehne. It is all in your mind. Dieser Effekt wurde von einem Team teurer Parapsychologen unter Leitung von Uri Geller in geheimen Forschungslabors der Lufthansa über Jahre hin entwickelt. Die Frage war: Wie wenig kann man einen Sitz faktisch nach hinten verstellen, sodass das Gehirn trotzdem denkt, jetzt wäre es besser als vorher. Frühe Tests mit Ratten und Goldhamstern erwiesen sich als äußerst schwierig, denn es war sehr schwer, sie anzuschnallen und das Gehirn eines Hamsters auf die Sensibilität und Größe eines Senators zu schrumpfen. Aber irgendwann hatte man die Formel gefunden: Bei einem Weg von circa drei Millimeter, den die oberste Linie des Sitzes nach hinten zurückgeht, und einem Kippwinkel von 0,0000000000002 Grad setzt im menschlichen Gehirn wirklich das Gefühl ein: »Ich lehne mich zurück.« Ruhe. Bequemlichkeit. Sorglose Reise.

Das klappt aber nur, wenn man den richtigen Zeitpunkt erwischt, an dem man während der Reise die Placebo-Lehne betätigt. Denn damit hatten die Wissenschaftler gar nicht gerechnet – es wird sich in deutschen Flugzeugen gar nicht mehr nach hinten gelehnt. Weil man nämlich dann vom Hintermann oder der Hinterfrau umgebracht wird. Natürlich nicht direkt mit offenen Waffen – die hat man ja leider nicht durch die Durchleuchtungs-Kontrolle gekriegt. Nein, mit einer Art Hass-Vodoo, der dir von hinten in den Nacken kriecht. Sie kennen das Gefühl alle: Sie drücken den Placebo-Lehnenknopf, weil Sie müde sind oder entspannen wollen, Sie erleben die dramatische Drei-Millimeter-Reise des Nackens nach hinten und denken: »Puh, ganz schön heftig, dieser Entspannungseffekt!«, da kriechen so komische Vibrationen um ihre Ohren herum und den theoretisch entspannten Nacken hinauf (wenn sogar gleich ein »O Scheiße!« von hinten ertönt, dann hatte der Hintermensch gerade ein Essenstablett auf dem Tischchen). Das sind die Hass-Vodookräfte hinter Ihnen, das ist das geballte schlechte Karma eines gekränkten Mitreisenden, der Ihnen eines deutlich sagen will: WIE KANNST DU DICH JETZT ZURÜCKLEHNEN, DU EGOISTISCHER VOLLIDIOT! DU NIMMST MIR JETZT AUCH NOCH ZUSÄTZLICH DREI MILLIMETER VON MEINEM PERSÖNLICHEN RAUM WEG, UND ICH WERDE DICH DAFÜR TÖTEN! ICH WÜRDE NIEMALS SO ETWAS MACHEN! ICH BLEIBE GERADE SITZEN, WIE SICH DAS GEHÖRT!

Ich habe einen Traum: Wenn es irgendwann Weltfrieden gibt, alle religiösen, ästhetischen und politischen Konflikte gelöst sind und die Pussycat Dolls weltweit verboten sind, dann werden sich alle Menschen in deutschen Flugzeugen GEMEINSAM GEMÜTLICH DREI MILLIMETER ZURUCKLEHNEN. Absolut gleichzeitig. Und aus instinktivem Gefühl, ganz ohne Kommando (denn das wäre natürlich auch möglich, dass der Pilot eine Ansage macht und sich alle gleichzeitig zurücklehnen MÜSSEN, per Gesetz). Aber bis dieser schöne Tag kommt, werden wir wilden Träumer und Individualisten bis aufs Blut unser Recht auf die eigene freie Entscheidung verteidigen, ob wir uns, was den Zustand unseres Nackens betrifft, betrügen wollen oder nicht.

Wir sitzen also heute alle im gleichen Sitz, Eco oder Business. Und wer ist vor allem daran schuld? Ein Mann, der den gesamten modernen Flugverkehr revolutioniert hat und der heute sicher irgendwo millionenschwer in seinem Schloss auf einem symbolischen alten breiten Business-Sessel thront – Mr. Moving Curtain – der Mann mit der Idee vom versetzbaren Vorhang. Es gibt im Leben ja oft Träume, die unsanft platzen, wie zum Beispiel die Vorstellung vom Weihnachtsmann, vom Osterhasen oder von inneren Werten als Hauptattraktion beim ersten Date. Aber der Tag, an dem ich zum ersten Mal sah, wie eine Flugbegleiterin den Trennvorhang zwischen der Business und der Economy Class einfach versetzte und so den genauso engen, normalen Sitz direkt vor mir auf einmal zum Luxusartikel erklärte, fügte sich bei mir in die Reihe der ganz großen Desillusionierungen ein. Ich weiß es noch genau, irgendjemand hatte sich wohl verzählt, und die Stewardess griff auf einmal entschlossen nach oben, brach die Stange mit dem Vorhang quasi von der Decke ab und quetschte sie direkt vor meiner Nase wieder in die Decke ein, sodass ich nun direkt hinter diesem wichtigen, aber hässlichen Stück Stoff landete. Ich starrte es an und fühlte mich diskriminiert. Davor war ich ein normaler Citizen-Class-Fluggast gewesen, jetzt war ich der Typ, der es nicht geschafft hatte. Den sie nicht erwählt hatte. Und ich sah auch jetzt nichts mehr vom Flugzeug vor mir, nur dieses Stück grauen Stoff. So muss man sich in der DDR gefühlt haben. Und die Grenze wurde, wie ich in diesem Moment begriff, schon immer völlig willkürlich gesetzt.

Damals wollte ich in diesem Moment noch unbedingt nach vorne in den Business-Westen, aber heute habe ich eine einfache Lösung für den Klassenkampf: Ich kaufe mir die BUNTEGALA, Snack, Champagner (Reisemenge zehn Milliliter), Schokolade und Nüsse einfach vorher selber ein (Gesamtwert 18 Euro) und spiele in der Economy dann Business Class! Das müssen Sie auch mal machen! Ab und zu können Sie sogar auch umbuchen, denn die gelegentliche Umbuchungsgebühr ist nicht so teuer wie die ständige Business-Fliegerei! Und damit rücken wir der ungeschminkten Wahrheit näher, denn natürlich geht es bei der Business Class überhaupt gar nicht um reale Vorteile. Nein, es geht natürlich wieder um Mysterien – dieses Mal geht es um Status. Oder um es ganz klar zu sagen: Es geht darum, dass Herr Meier nicht an Herrn Müller vorbeigehen muss. Und damit sind wir bei den Business-Class-Reisenden.

Liebe Mitreisende, Sie haben ja schon mitbekommen, dass ich den Typ »Vielflieger mit Senator-Status« nicht besonders schätze. Vielleicht ist dieses Gefühl an der ein oder anderen Stelle dieses Buches schon einmal aufgeblitzt … Und hier kommt der wahre Hauptgrund: Die meisten Herren auf den vorderen Plätzen haben auch während des Fluges überhaupt kein Benehmen! Ich warte eigentlich regelmäßig darauf, dass ein als Mutti verkleideter Pilot durch die Reihen geht und einzelne Spezialfälle an den Ohren ins Cockpit zerrt. Bis sie sich beruhigt haben. Oder bei ganz hartnäckigen Fällen, mitten im Flug, raus vor die Tür.

Ich nehme mal ein anderes Beispiel aus der Personenbeförderung – das Auto. Es gibt doch so Typen, die Sie, wenn Sie selbst auf der Rückbank sitzen, immer von vorne mit Müll beschmeißen: »Nimm mal meine Jacke, nimm mal meine Tasche, kannst du mal den Becher halten«, bis man endlich am Ende der Autofahrt am Ziel ankommt, zugemüllt und mit einer Bananenschale in der Hand. Das sind vom Typ her die männlichen Reisenden der Business Class. Oder wie ich sie ab und zu auch gerne nenne – die Herren Menschen.

Gerne stören sie auch den Einstiegsvorgang durch lange Gespräche mit Geschäftspartnern, die sie gerade entdeckt haben. Und lächeln milde, wenn die da nach hinten »in die Holzklasse« durchgehen müssen. »Läuft wohl nicht mehr so bei euch …« Sitzen, telefonieren, Zeitung aufklappen. Die Herren Menschen schaffen es immer, in jedes Flugzeug einen Hauch von Plantage reinzubringen. Sie scheuchen alle rum und halten sich nur mühsam an die Regeln. Natürlich springen sie auch immer am Ende der Reise als Erste auf, damit sie auch zuerst am Mantelschrank sein können. Und klopfen eigentlich schon von innen an die Ausgangstür, während die Stewardess noch ihre Jacke anzieht. »Lassen Sie mich raus, ich bin Senator!« Und schwups wieder ans Telefon …

Nur manchmal, da werden sie ganz süß, nämlich wenn sie die kleinen Restannehmlichkeiten des teuren Tickets verschnabulieren, wenn sie auf einmal höflich fragen, ob sie noch eine Schokolade extra erhalten oder mehr Nüsse, oder wenn sie eine BUNTEGALA klauen, natürlich für die Frau zu Hause, oder noch ein Schnäpschen nehmen, dann erscheint auf dem müden Gesicht des Mitvierzigers ein seliger Ausdruck. Wahrscheinlich war das auch früher auf der Plantage so, wenn die Mammie ein Schlaflied sang …

Mit dem Klauen der Extragoodies ist das ohnehin so eine Sache. Ich habe lange nicht verstanden, warum ein Aufsichtsratsmitglied einer größeren Firma mehrere Erfrischungstücher verlangt und heimlich in die Tasche steckt. Hat er keine Erfrischungstücher zu Hause? Hängt seine ganze persönliche Hygiene von der Lufthansa ab? Oder ist das diese Mentalität, selbst aus Luxussuiten in Hotels noch Handtücher zu klauen? Nach dem Motto: »Was man hat, das hat man«? (Ein Wort zu den Erfrischungstüchern der Lufthansa: Sie sind zu scharf! Sie verätzen die Haut! Go green when you can.)

Auf jeden Fall bewundere ich immer die Ruhe, mit der die Flugbegleiterinnen und Flugbegleiter vor allem diese Herren-Menschen-Rasse bearbeiten. Und damit beenden wir jetzt die Klassenkampfkunde und widmen uns nun dem Herz und der Seele eines jeden Fluges – dem Personal!

Kapitel 9

TROLLEY DOLLYS
(Die Flugbegleitung)

Ich unterteile die Flugbegleiterinnen und Flugbegleitern grundsätzlich in zwei Gruppen: die mit einem glücklichen und ausgeglichenen Sexualleben – und die anderen. Die erste Gruppe findet man an Bord von Billig-Airlines, bei den meisten innerdeutschen Flügen und bei internationalen Flügen in der Economy und ab und zu in der Business. Zumindest bei deutschen Airlines. Die zweite Gruppe findet man innerdeutsch ab und zu und international sehr oft in der Business. Davon, wer in der First im Service steht, habe ich, wie gesagt, keine Ahnung (die große Fantasie im Flugverkehr ist natürlich, dass alle, die in der First Class arbeiten, DORT live ihr Sexualleben ausgleichen, aber dazu später mehr …). Diese zwei Gruppen sind für mich unabhängig von ihrer sexuellen Grundorientierung: Egal ob hetero- oder homosexuell, die sexuelle Ausgeglichenheit überstrahlt im guten Fall alle Präferenzen und im schlechten leider auch.

Was die sexuelle Orientierung angeht, gibt es für mich bei den Kellnerinnen und Kellnern der Lüfte dennoch eine Besonderheit – nämlich die Tatsache, dass ein Flugbegleiter, der ausnahmsweise heterosexuell ist, trotzdem homosexuell wirkt. Ich weiß nicht, woran es liegt – sind es die von den Kolleginnen empfohlenen blonden Strähnchen im Haar oder die doch zu häufigen Partynächte mit allen Kollegen zusammen in multisexuellen Stop-overs wie Mykonos oder Pattaya – wenn ich einen heterosexuellen Flugbegleiter sehe, möchte ich immer zuerst eine schriftliche Bestätigung von der Freundin oder der Ehefrau sehen, ansonsten rufe ich: »Hello, Trolley Dolly!«

»Trolley Dollys«, um mal neben »Tower« und »Life West« die wirklich wichtigen Fachbegriffe der Flugwelt zu erklären, ist ein liebevoller, weltweit benutzter, Kosename, um alle »Püppchen« (weiblich und männlich) zu bezeichnen, die einen »Trolley« schieben (das ist der magische kleine Wagen, aus dem endlos Essen und Getränke strömen). Der Begriff ist natürlich politisch unkorrekt, sexistisch, diffamierend und diskriminierend – aber er spricht sich so schön! Ich träume auch immer von einem Musical »Hello, Trolley Dolly!«, in dem eine ältere Purserin einen reichen First-Class-Frequent-Flyer um den Finger wickelt und am Schluss, umringt von acht anderen TDs die Flugzeugtreppe hinuntertanzt. Und so ein »Püppchen« kann eben auch oft heterosexuell sein. Vielleicht ist es der gesellschaftliche Aufstieg des Selbstbräuners – auf jeden Fall ist der Beruf des Flugbegleiters keine rein homosexuelle Domäne mehr. Schade. Auf nichts kann man sich mehr verlassen.

Apropos Selbstbräuner: Bei den Schulungen der Lufthansa werden auch die Männer durchaus im Schminken unterrichtet – die Teilnahme ist aber freiwillig. Folgende Produkte werden in Internetforen von männlichen Flugbegleitern empfohlen, wenn der geneigte Leser selber einmal den multisexuellen Trolley- Dolly-Look ausprobieren möchte:

CLINIQUE:	Stay Neutral Powder
BIOTHERM HOMME:	Bronze Powder
LANCOME:	Selbstbräuner
JEAN PAUL GAULTIER HOMME:	Mascara, braun
BIOTHERM HOMME:	Getönte Feuchtigkeitscreme, aber Vorsicht: Färbt leicht ab!

Die zwei obengenannten Hauptunterscheidungsmöglichkeiten führen nun bei mir zu insgesamt sechs Grundtypen, die einen im Leben regelmäßig »Beef oder Chicken« fragen:

TYP 1: Der homosexuelle, sexuell ausgeglichene Mann – **SASCHA**

TYP 2: Der homosexuelle, nicht sexuell ausgeglichene Mann –
WALTER GENANNT WALTRAUD

TYP 3: Die heterosexuelle, sexuell ausgeglichene Frau –
SVENJA (KLEINES SVEN, GROSSES JA!)

TYP 4: Die heterosexuell, nicht sexuell ausgeglichene Frau –
ANN-KATHRIN

TYP 5: Der heterosexuelle, sexuell ausgeglichene Mann –
MAX, VORNAME: STRAMMER

TYP 6: Der heterosexuelle, nicht sexuell ausgeglichene Mann –
LURCHI

Fließende Übergänge sind möglich, aber meistens kann ich schon beim Einsteigen Typ 1 – 6 an Gesichtsausdruck und Körpersprache ausmachen: Nennt mich Crew-Cassandra, aber hier ist das, was mir in den vielen Flugjahren aufgefallen ist und worauf ich achte:

TYP 1: SASCHA

ist die Seele des internationalen Flugverkehrs. Er lacht, er springt, er hat perfekte Haare und kennt bestimmt noch im letzten Landeort in Russland eine Kneipe, die Musik von Kylie Minogue spielt. Seine Geduld mit schwierigen Passagieren und Senatoren ist endlos – denn das Ende der Schicht und der damit verbundene Besuch in der Bar »Kylow Mynogow« in Nowosibirsk steht ja bevor. Und dort wird das Thema Völkerverständigung immer wieder auf ein ganz neues Level gehoben, was wiederum die Laune für den Rückflug stärkt.

Sascha muntert auch noch alle Kolleginnen und Kollegen auf, wenn sie gar nicht mehr aufgemuntert werden wollen. Sascha schenkt gerne aus einer neuen Flasche Champagner nach, denn wenn die Flasche offen ist, darf die Crew sie leer trinken (Wahrheit!). Sascha läuft bei den Billig-Airlines zur Hochform auf, weil bei denen ja auch ein bisschen Humor während der Ansagen gefordert wird – einzelne Saschas sollen den Gang und das angeschnallte Publikum zu ganzen Drag-Shows benutzt haben. Apropos Drag – ich bin mal mit British Airways nach New York geflogen, auf dem Hinweg hatte ich nur ältere Saschas an Bord und auf dem Rückflug meines Erachtens dieselben Männer, nur jetzt als herber Ann-Kathrin-Typ. Ich glaube, die haben einfach nur in New York geshoppt. Sascha flirtet nicht nur in der First und geht ab und zu auch ein Risiko ein, indem er bei United die Behindertentoiletten in der Mitte des Flugzeuges zweckentfremdet. Sascha trägt manchmal eine paillettenbesetzte Schlafbrille mit der Aufschrift »Coffee, Tea or Me?« und genießt seinen Beruf, weil er nie etwas anderes wollte. Wenn Sie im Leben mal depressiv sind, sprechen Sie auf einem Langstreckenflug einen Sascha an und trinken Sie mit ihm eine Flasche Champagner in der Bordküche leer. Danach geht es Ihnen besser.

TYP 2: WALTER/WALTRAUD

ist, fotografisch formuliert, das Negativ von Sascha. Manchmal war er auch ein Sascha, der dann durch die Last der Jahre und die vielen Jetlags ein Walter/Waltraud geworden ist. Walter/Waltraud trägt modisch gesehen an Kopf, Hals und Handgelenk Boyband-Look, gekreuzt mit alter Tante. Walter/Waltraud hat keine Strähnchen, er ist eine Strähne. Die Mundwickel hängen so tief, dass das einfache »Guten Tag« beim Betreten der Passagiere ins Flugzeug fast nicht mehr hörbar ist, weil kein Kran der Welt diese Mundwinkel noch für eine deutlichere Artikulation hochziehen könnte. Meistens hört man nur eine Art »Arg«. Und so fühlt er sich auch. Der Alkohol und das leckere Essen der Fernziele tun dann noch ihr Übriges – Walter/Waltraud ist in Gesicht und Hüfte aus dem Leim gegangen, soweit das die Vorschriften noch erlauben. Wenn Walter/Waltraud die Sicherheitsshow macht, ist es von der Stimmung her eher Marcel Marceau bei der Darstellung einer Totenmesse. Doch diese mangelnde Energie macht Walter/Waltraud in der direkten Konversation im Service oft durch schmetternde Zickigkeit wieder wett. Augenrollen und Sätze wie »WIRKLICH, NOCH

MEHR KAFFEE?« werden in allen Nuancen eines nuklearen Angriffs abgefeuert und verzweifelt existenzielle Statements wie »Wir haben heute WIEDER MAL ÜBERHAUPT KEINE BUNTE GELIEFERT BEKOMMEN« weisen auf tiefe Traurigkeit und Abhängigkeit von Bunte-Lieferservicen hin. Ich wollte Walli ab und zu schon aus dem Duty-Free-On-Board-Service eine Packung M & M's kaufen, um ihn aufzuheitern, aber dann hatte ich doch wieder Angst, dass er mit den M & M's doch nur das Wort »SEUFZ« legen würde.

TYP 3: SVENJA

trägt grundsätzlich genau so viel zur erfolgreichen und fröhlichen Reise bei wie Sascha. Nur ereilt mich bei Svenja trotz all ihrer gut gelaunten Patentheit und ihren fröhlich wippenden Pferdeschwänzen oft ein Gefühl einer gewissen – geistigen Schlichtheit, weshalb ich mit Svenja im Zweifelsfall keine Notlandung erleben möchte. Sascha muss jetzt auch nicht von übermäßiger Intelligenz gekrönt sein, aber Saschas tuntiger Ehrgeiz lässt mich doch vermuten, dass er bei der Notlandung als Erster die Rutsche ausfahren würde. »EINFACH WEIL ICH ES KANN!« Bei Svenja wäre ich besorgt, denn Svenja schafft es oft auch nicht einfache Sätze ohne Kichern zu Ende zu bringen, und wenn jemand die Ansagen an Bord verkackt, dann Svenja (zugegebenermaßen oft angestiftet durch Blödsinn von Sascha). Svenja ist aber perfekt bei der Essens- und Getränkeausgabe, sie ist die geborene Kellnerin und wäre sicher in jeder einfachen Gaststätte auf dem Land eine ebenso verlässliche Fachkraft wie in der Luft. Und: Beim-On-Board-Duty-Free ist Svenja nicht zu schlagen! Sie hält die Waren strahlend hoch, als hätte sie ihren eigenen Homeshopping-TV-Kanal, sie kennt jedes Parfum in allen seinen Duftnoten (»Ja das IST ein Hauch von Gerbera!«), während Sascha da schluffig wird und nur die

Bauchmuskeln des Cool-Water-Models im Prospekt studiert und Walter/Waltraud den Wagen eilig durchschiebt, weil, ICH WILL JETZT WIRKLICH NICHTS VON DIESEM ZEUG VERKAUFEN! Svenja wird, wie seit Anbeginn der Luftfahrt, immer noch gerne geheiratet, oder sie wurde es schon. Und weil sie mit Sascha doch einmal in einen Swingerclub in Rio mitgegangen ist (»Ich war so betrunken!«), kennt sie auch einige sexuelle Tricks für und gegen die Ehe. Sie ist eine trinkfeste Little Miss Sunshine mit weltweiten erotischen Kenntnissen. Und sie kann so schnell so viele Blicke und Hände von Senatoren abwehren wie Venus Williams Aufschläge von Anna Kurnikowa. Zu den gräulichen easyJet-Uniformen trägt sie ab und zu einfach ein freches, großes und dadurch alles überschattendes Accessoire – und kommt deshalb damit durch.

TYP 4: ANN-KATHRIN

muss weder Blicke noch Hände von irgendwelchen Reisenden abwehren, Ann-Kathrin IST die Abwehr in Menschengestalt. Ann-Kathrin bricht alle Rekorde an Bord: Die längste Berufserfahrung (300 Jahre, sie flog schon den Himmelswagen auf den Bildern von Schinkel), die meisten Beförderungen (hätte sie Streifen an der Uniform wie Generäle, sähe sie aus wie ein Zebra) und die meisten verursachten Heulanfälle bei Svenja (»Ich habe es der Kollegin dreimal nett gesagt, aber dann musste sie als Strafe das heiße Essen mit bloßen Händen ohne Zange servieren!«). Bei Ann-Kathrin muss man sich entscheiden, auf welcher Seite man landen möchte, es erfordert höchste politische Strategie. Ann-Kathrin ist so einfach durch Charme zu erobern wie Nordkorea. Es nützt alles nichts, nett sein, nicht nett sein, Senator sein, nicht Senator sein, selbst First Class fliegen, denn selbst da hat man, wenn Ann-Kathrin einen »bedient«, laut einem Freund von mir das Gefühl, »man hätte die

First nicht verdient …«. Ich versuche immer eine Mischung aus charmantem Selbstbewusstsein und Bauch zu zeigen wie ein Hund beim potentiellen Angreifer – ich bin lieb, bitte tu mir nichts, und könnte ich eventuell ein Glas Wasser haben. Dabei verehre ich Ann-Kathrin fast kultisch. Zum Beispiel ihre Haare und ihr Make-up – Ann-Kathrin trägt immer den Totallook »Hitchcock-Blondine auf Eis – erfrorene Tippi Hedren«. Das Make-up maskenhaft zu nennen, wäre eine fröhliche »Commedia dell'Arte« – es ist eingemeißelt. Wenn jemand Permanent-Make-up erfunden hat, dann Ann-Kathrin. Weil es PRAKTISCHER ist. Die Haare – und das ist wirklich ein Wunder – bewegen sich keinen Millimeter auf einem ganzen langen Übernachtflug von Frankfurt nach Buenos Aires! Ann-Kathrin steht am Ende der Reise mit EXAKT demselben umskulpteten Gesicht vor dir und presst ihr »Auf Wiedersehen!« genauso kalt über die dünnen Lippen wie am Anfang vor 14 Stunden. Ich glaube, diese Frauen sind Cyborgs. Auch die Bewegungen sind dermaßen ausgetimet und abgezirkelt, als ob wirklich kein Minivolt der immer schneller davonrinnenden Lebensenergie an irgendein Detail dieses Fluges – und das sind besonders alle Reisenden – verschwendet werden soll. Die Ann-Kathrins der Lüfte heben sich ihre Energie auf – für was? Für die Katzen zu Hause? Für den Mandarin-Sprachkurs, um die Strecke Frankfurt – Peking noch PRÄZISER in den Griff zu bekommen? Oder für das SM-Studio zu Hause, in das sie all die Berufserfahrung aus 300 Jahren Fliegen nun mal wirklich gewinnbringend einbringen könnte? Manchmal denke ich mir, dass Ann-Kathrin in der Zeit angefangen hat, in der alle Stewardessen noch Anwälte und Filmstars geheiratet haben – in den sechziger und siebziger Jahren –, und dass das bei ihr eben nicht geklappt hat. Und jetzt, 2010, steht sie immer noch hier und fragt: »Chicken or Beef?« Oder die Gesichtsmuskeln sind einfach eingefroren, so eine Art natürliches Botox in der dünnen Luft der Business Class. Manchmal träume ich im Flugzeug von einer langen Conga Line aller Trolley Dollys, angeführt von einer entfesselten Ann-Kathrin, fröhlich und ausgelassen. Ich sehe, wie sie die Schuhe in die Luft schmeißt und laut singt: »Olé, ich flieg den Puff nach Barcelona!« – aber dann wache ich auf und sehe wieder in das Gesicht einer erstarrten, unattraktiveren Schwester von Catherine Deneuve und höre ihre tonlose Stimme: »Bitte anschnallen, wir landen gleich!« Ich antworte militärisch: »Yes, M'am, sofort, M'am!« Und lächle so verspannt wie sie.

TYP 5: MAX

hat meine volle Sympathie, denn Max hat es nicht leicht. Wenn er nicht wenigstens ab und zu beim Stop Over mit Svenja Spaß hat, führt er doch ein ziemlich extremes Leben zwischen den anderen Bewohnern der Luft. Er kann nicht mit Sascha in den Sexclub in Amsterdam, kriegt von Walter/Waltraud immer den Trolley in die Hacke gerammt, kann nicht einfach mit Svenja in Miami eine »neue total süße« Tasche kaufen, und Ann-Kathrin hasst ihn aus so vielen Gründen, er muss gar nicht anfangen, darüber nachzudenken. Er ist an Bord einfach ein oft schwul wirkender heterosexueller Familienvater inmitten des dortigen Karnevals der Kulturen. Rätselhaft. Aber gerade deshalb denke ich: Max muss eine ganz starke Motivation haben! Max will wahrscheinlich wirklich die Welt sehen, er ist ein Abenteurer und fährt in Brasilien auch mal schnell in den Regenwald und nicht in die Bars oder Shopping-Malls. Er bringt seinen Kindern immer besonders schöne Sachen mit, und wenn er ab und zu doch mal in einer Table-Dance-Bar in Bangkok versackt, kriegt das auch keiner mit, denn er sitzt ja allein da (Sascha ist ein Haus weiter, Walter/Waltraud im Hotel, Svenja in einer Cocktailbar, und Ann-Kathrin dreht sich die Haare auf). Oder vielleicht gibt es noch eine andere Motivation – vielleicht wollte Max Pilot werden und hat es nicht geschafft? Vielleicht robbt er sich so psychologisch immer näher ans Cockpit ran und lauscht oft heimlich an der Tür zu seinem Traum? Oder er bringt ungefragt dauernd Getränke und Essen ins Cockpit, um die Atmosphäre zu schnuppern, die er so liebt? Auf jeden Fall fördert Max die Gleichberechtigung und zeigt, dass auch heterosexuelle Männer Saftschubsen sein und Senatoren aus dem Mantel helfen können. Ich finde das gut.

TYP 6: LURCHI

verstehe ich nicht. Was tust du da? Lieber Lurchi, wenn du das liest, suche dir bitte einen neuen Job. Lass die Strähnchen rauswachsen und frag mal beim Finanzamt nach. Das wäre echt besser für dich und für uns alle. Lande jetzt im Leben!

Falls Sie übrigens das Buch im Flugzeug lesen, schauen Sie sich bitte JETZT um und ordnen Sie ihr heutiges Serviceteam meiner Typologie zu. Und jetzt mein Gesamttipp: von Sascha Ausgehempfehlungen erfragen, Walter/Waltraud ein unverdientes Trinkgeld geben (Charity), sich von Svenja alle Parfums demonstrieren lassen, Ann-Kathrin großräumig umfahren, Max tolerant nach den Fotos seiner Kinder fragen (es ist o.k., anders zu sein …) und Lurchi einfach ignorieren. Enjoy the flight!

Kapitel 10

FIRST-CLASS-FANTASY

In der First Class ist alles gut. In der First Class bedienen nur gutaussehende Akademikerinnen und Akademiker mit ausgeglichenem Sexualleben. In der First Class reisen nur Menschen mit ausgeglichenem Sexualleben. In der First Class haben Senatoren keinen Zutritt.

In der First Class gibt es für jeden Passagier ein eigenes kleines Zimmer mit erstklassigem Bett. Die Fenster sind riesig, und man schläft mit Blick über die Wolken ein. In der First Class hat man ein Schiebedach.

In der First Class gibt es kein Duty Free. Duty Free in der First Class heißt Free of Duty – niemand ist während der Reise zu irgendetwas verpflichtet. Es gibt sogar einen äußerst attraktiven Anschnallservice, wenn man das nicht selber machen will.

In der First Class gibt es neben den Zimmern ein Wellness- und Massagezentrum, eine Minigolf-Anlage und ein Theater. Dort treten regelmäßig internationale Showgrößen mit Darbietungen mit Luftbezug auf. Reinhard Mey und die Gruppe Air sind Stammgäste, aber auch Phil Collins, die Hollies oder John Paul Young performen in wechselnden Abständen in Mix-Shows unter dem Motto »In The Air Tonight With«. Wikipedia meldet seit Einführung dieser Shows ein deutliches Ansteigen von Songs im deutschsprachigen Raum, die das Wort »Luft« im Titel führen. Trotzdem werden nur wirklich erfolgreiche Acts gebucht, und auch der Musterprozess des Jongleurs »Luftikus« aus Hoyerswerda konnte nicht dazu führen, dass alle diese Titel, die zum Thema passen, in der First Class per Gesetz aufgeführt werden MÜSSEN. Auch der Vorschlag von Purple Schultz, die Sicherheitsanweisungen in der First Class zu dem Titel »Ich will raus« choreographieren zu lassen, stieß bei Reisenden und beim Personal auf keine große Gegenliebe. Der bevorzugte Titel zu dem Thema ist und bleibt »Jump« von den Pointer Sisters – weil es fetzt!

Wer auf den klassischen Flugzeugfilm nicht verzichten will, bekommt diesen live von einem geschickten Ensemble von Impro-Schauspielern vorgespielt. Ein absolutes Muss für jeden First-Class-Reisenden – das Tempo, in dem die Beteiligten die Requisiten und das Mobiliar von »Frühstück bei Tiffanys« auf der kleinen Bühne wechseln und bespielen, ist beeindruckend – und Wilma Wild, ehemaliger Pornostar und heutige Professorin der Humangenetik, gibt eine ganz hervorragende Holly Golightly.

Die Sicherheitsanweisungen werden in der First Class natürlich live in Revueform vorgetanzt, je nach Nationalität des Reisenden in Broadway-, Bollywood- oder Musikantenstadl-Stil. Auch seltene Stile wie zum Beispiel das armenische Kunstlied oder die Reggae-Rockoper werden von den erfahrenen Produzenten der »Safety Shows« angeboten. Nur die Shows »Bangkok nach Mitternacht« und »Internet nach Feierabend« wurden aus dem Programm genommen, da sie ausschließlich von in der First Class eingeschmuggelten, als Menschen verkleideten Senatoren verlangt wurden.

Die First Class ist non-konfessionell, ein Holo-Meditationsdeck bietet jedoch jegliche Form von Gottes- und Götzendienst als 3D-Animation auf Knopfdruck. Auch hier werden seltene Formen wie bulgarische Zigeunersprüche, Bingo-Gläubigkeit à la Süd-Florida oder Manga für Anfänger angeboten. Das oberste Glaubensgebot der First Class ist natürlich: Am ersten Tag erschuf Gott die First Class, deshalb heißt sie ja First.

Im Hobbyraum der First Class kann man während einer Reise neue Hobbys lernen und so die Zeit sinnvoll nützen, Ikebana und Sushi-Herstellung liegen derzeit durch den anhaltenden Japantrend vorne, während Makramee trotz Woodstock- und Hippie-Revival nicht mehr aufholen kann. Ein Reisender der First Class wurde neulich mit dem Satz zitiert: »Auf dieser höheren Ebene meines Lebens ist kein Platz für eine Blumenampel.«

Zu Essen gibt es in der First Class natürlich alles, was man möchte, aber nichts, was man muss. Comedians, die sich in der First Class Erdnüsse und Tomatensaft bestellten, wurden ruhig bedient, aber dieses Verhalten wurde nicht goutiert. Auch dazu wurde kürzlich die First-Class-Flugbegleiterin Professor Doktor Daria Sinkh (Nobelpreis für Astrophysik und Miss World 2006) mit dem Gegengag zitiert: »Dann geht doch runter hinter den Vorhang!« Die Comedians sollen daraufhin verstummt und brav auf Wagyu Beef und Dom Perignon umgeschwenkt sein.

Selbstbewusstsein und Stil des First-Class-Servicepersonals sind berühmt, schließlich war die Auswahl hart, und einige haben für diesen Job sowohl Angebote aus Hollywood als auch aus dem Weißen Haus abgeschlagen. Deshalb ist natürlich auch für ihr Wohl bestens gesorgt – eine Miniaturimitation eines Krawattenladens mit Spielcasinofunktion wurde an Bord eingebaut, natürlich nur für das Personal.

Dass First-Class-Reisende direkt per Helikopter von zu Hause abgeholt werden und in der Luft auf das Flugzeug umsteigen und ebenso genau über dem Reiseziel in den Armen von erfahrenen Fallschirmspringern abgeworfen werden, muss sicher nicht mehr erwähnt werden – dieser Service hat sich herumgesprochen und bleibt weiterhin beliebt.

Trotz all dieser Vorteile liegt die Auslastung der internationalen First Class leider immer noch bei 0,56 Prozent, was an dem – zugegebenermaßen nicht günstigen – Preis von zum Beispiel 120 000 Euro für einen Flug Köln – New York liegen mag. Ebenso schlägt sicher ins Kontor, dass einige Filmstars ohne aktuelles Engagement in ihren Privatjets immer mehr »Luxus-Air-Hitchhiker« mitnehmen, um so ihr sackendes Konto etwas aufzurüsten. Vor diesen illegalen Formen warnen wir ausdrücklich, auch wegen nicht ausreichender Haftung (der Prozess Knut Kulm gegen einen flugbegeisterten Filmstar ist immer noch in der Schwebe), und auch ganz ausdrücklich warnen wir vor der, wie wir finden, verzweifelt betitelten Billigimitations-Fluglinie »FIRST CLASS« – einige Reisende dieser vermeintlichen Luxus Airline sind bis heute überhaupt nicht mehr aufgetaucht, obwohl ihr Gepäck sicher in Amsterdam ankam.

UND EIN REALER BLICK IN EINEN PRIVATJET: BOEING 747-8 VIP

Auf mehr als 440 wohnlichen Quadratmetern Kabinenfläche bietet die VIP-Variante der 747-8 Intercontinental höchste luxuriöse Funktionalität. Persönliche Suiten, private Büros oder Erholungsräume mit gewölbten Zimmerdecken und Video-Wänden sind durch Wendeltreppen miteinander verbunden. Je nach Ausstattung kann der mit Mach 0,86 schnellste Großraum-Luxusflieger 100 Passagiere bis zu 17.150 Kilometer weit transportieren. Zusätzlich besitzt er 81,8 Quadratmeter Nutzfläche über der Hauptkabine zwischen Top und Heck, die individuell gestaltet werden können.

Kapitel 11

SLUTS FROM BRUSSELS
(Warten auf dem Rollfeld)

Ich wache aus meinen Tagträumen auf. Eigentlich könnten wir jetzt losfliegen. Abheben, »décoller« – sich »entkleben«, wie es so schön im Französischen heißt. Aber stattdessen kleben wir in unseren Sitzen und warten. Denn seit kurzem bestimmen ja neue Kräfte unser Geschick – nicht der heimische Tower, sondern die »Sluts from Brussels«, die Schlampen aus Brüssel. Natürlich heißt das magische Wort nicht »slut«, sondern »slot«, der nun europäisch zentral zugeteilte Abflugzeitpunkt, an dem das Flugzeug sich in die Luft erheben darf. Aber ich habe am Anfang bei der Pilotenansage wirklich immer »slut« verstanden, und ich finde immer noch: Das passt viel besser! Die Schlampen aus Brüssel sind im modernen Flugverkehr so etwas wie die Hexen bei »Macbeth« – bösartige, übel gelaunte Biester, die unser Geschick bestimmen. Natürlich regeln sie auch das gelungene Miteinander aller Dinge im Luftraum über der EU-Zone, wahrscheinlich samt ihrer eigenen Besen-Airline, aber sie sorgen eben auch dafür, dass man manchmal bis zu EINER STUNDE auf der Startbahn steht und nicht los darf. Das ist quasi der Bus zum Flugzeug hoch zehn! Die absolute Zerreißprobe für alle Nerven des modernen Fluggastes.

Zu diesem Zeitpunkt und an dieser Stelle der Reise kann man übrigens mal den Humor der Mitreisenden testen, indem man zum Beispiel im Sitz nach vorne und hinten schaukelt und hörbar vor sich hinspricht: »Gott, diese Turbulenzen!«. Oder alle zehn Minuten laut fragt: »Sind wir schon da?«. Oder aufsteht, zum Cockpit geht, zurückkommt und laut in den Raum ruft: »Man würde nicht denken, dass die Piloten nach den ganzen Wodkas, die sie gerade trinken, noch das Flugzeug starten können – aber das sind eben echte Profis!«

Vielleicht sind die »Sluts« aber auch antike Glücksgöttinnen, die aus ihrem goldenen Füllhorn Abflugzeiten herausschütteln wie eine gut gelaunte Lottofee mit Spendierhosen. Oder es ist doch eine kafkaeske Behörde, in der Reihe um Reihe gleichförmige Beamte Formulare vom Stapel links auf den Stapel rechts legen, und jeweils das Flugzeug auf dem letzten rechten Stapel in Reihe 100 darf dann losfliegen. Ich stelle mir sie aber lieber als moderne Hexen vor, vorzugsweise in Versace- und Chanel-Kleidchen, mit dicken Klunkern behängt und einem Champagnerglas in der Hand, die an einem Spieltisch Abflugzeiten auswürfeln, während sie auf einem Monitor unsere genervten Gesichter im Flugzeug kichernd beobachten. Und ich glaube, die Piloten sehen sie genauso (oder kennen sie persönlich), denn nur so lässt sich der bittere Unterton in so mancher Ansage erklären, der über die Sluts berichtet. Pilot: »… (ein Seufzer) … es tut uns wirklich sehr leid, und es ist auch, ehrlich gesagt, nicht nachvollziehbar, aber wir haben gerade aus Brüssel einen Abflugzeitpunkt in 45 Minuten erhalten …« – da hört man oft den schwer gekränkten Unterton eines alten Fliegers raus, der von Bürokratie und eben diesen eventuell blonden Zeitschlampen gebeutelt wird. Auf jeden Fall tragen die Sluts nicht zur EU-Liebe bei – wenn man sich mal wieder fragt, warum bei Europawahlen die Wahlbeteiligung so niedrig ist, sollte man vielleicht speziell alle Fluggäste befragen …

Nun sitzt man da, in der Gewalt der Schlampen, und dreht Däumchen. Etwas anderes kann man ja nun auch wirklich nicht tun, man ist angeschnallt, der Service darf noch nicht bedienen (manchmal bringen mildtätige Flugbegleiterinnen einem ein stilles Wasser – ein Gefühl, als ob Florence Nightingale gerade durch die Wüste reitet …), und in der Business hat man die BUNTEGALA auch schon durchgelesen. Profis simsen natürlich trotz Verbot Hassmitteilungen an entspannte Außenstehende (»I h8 Brussels!«), während Normalsterbliche an den kleinen Luftdüsen im Panel über dem Kopf drehen und sich zum einen wundern, dass da noch keine Luft herauskommt (wieder ein Mysterium!), und zum anderen versuchen, aus Langeweile den Begriff »panel« ins Deutsche zu übersetzen: ein Paneel? Würde man auf Deutsch sagen, die Nicht-Luftdüse ist im Paneel über meinem Kopf? Klingt komisch. Aber Decke stimmt auch nicht, die Decke ist ja auch woanders. Letzte Komiker, die über den Tragflächen sitzen, schauen raus und sagen laut: »Gott, die Flügel sehen vielleicht rostig aus!«

Sie merken an der Qualität dieser tiefgründigen Gedanken, dass damit der geistige Tiefpunkt der Reise erreicht ist. Und die Rechte des Reisenden sind sowieso gerade abhandengekommen, sind einfach irgendwo zwischen dem Durchleuchten des Kaugummipapiers und dem Verschnalltwerden in die Sicherheitsgurte liegengeblieben. Man ist auf dem existenzialistischen Nullpunkt – in dem Stück »Warten auf Go«. Nun ist man wirklich ein Sack Kartoffeln, der irgendwo im Niemandsland in einem engen kleinen Zimmer auf einer Startbahn steht und wartet. Nur, wenn der Nachbar wirklich ein Sack Kartoffeln wäre, könnte man sich wenigstens Pommes frites machen. Als Tribut an Brüssel.

Ein kurzes Wort zu einem weiteren häufigen Wartegrund, wenn man schon im Flugzeug sitzt: Anschlussreisende. Ganz klar – hier herrscht wieder die Dichotomie des menschlichen Wesens: Wenn man selbst Anschlussreisender ist, freut man sich wie Bolle, dass das Flugzeug gewartet hat. Wenn man im Flugzeug sitzt, möchte man die hektisch hereinstolpernden Anschlussreisenden erschießen. So einfach fühlt der Mensch im rechtsfreien Raum.

Was man noch tun kann in dieser leeren Zeit am Boden, ist die Uniformen der Crew zu begutachten. Und da gibt es ja weltweit sehr große Unterschiede. Während unsere Lufthanseaten und -hanseatinnen in ihrem Blau-Gelb Seriosität und leichte Langeweile verkörpern (Designerin: Ann-Kathrin!), erfinden andere Airlines oft das Moderad ganz neu und begeistern uns mit ungewöhnlichen Kreationen.

Es gibt in diesen Wartezeiten jenseits der Uniformenkunde eigentlich nur eine Hoffnung (außer des doch früher möglichen Abflugs, den der Kapitän seinem Tonfall nach in einer Art oralem Nahkampf mit den Schlampen herausgeschunden hat und der, wenn er stattfindet, mit viel Applaus und männlich-selbstbewussten »Na, geht doch«-Rufen begleitet wird), und das ist im Winter, wenn unter Umständen nicht nur die Schlampen schuld sind, sondern auch Schnee und Eis. Denn dann kommt eventuell der Auftritt meines absoluten Stars des Nicht-Abflug-Entertainment: die ENTEISUNGSMASCHINE! Die Enteisungsmaschine ist alles, was die Schlampen nicht sind – männlich, technisch, abenteuerlich! Sie ist ein perfektes Jungsspielzeug, ich wette, die eine oder andere liebevolle Pilotengattin hat ihrem Mann zum Geburtstag schon mal eine kleine Enteisungsmaschine geschenkt. Sie ist wie eine fahrbare Waschanlage, die einmal mit heißem Wasser das ganze Flugzeug vom Eis befreit, flugtauglich macht und dabei sauber. Sie ist eine absolute Attraktion auf dem Flughafen und führt selbst bei schon länger im Flugzeug wartenden Fluggästen zu begeisterten Gesichtern und unverhohlenem Interesse! Das hat man nicht alle Tage! Ich denke auch, dass der Fahrer der Enteisungsmaschine auf dem Flughafen vom Standing her den zweithöchsten Rang hat, direkt nach Tower-Chef und Flughafendirektor. Cool schiebt dieser Kurt Russell des Allrad-Antriebs seine starke Maschine an das mit zarten Eisrosen überwucherte Flugzeug und befreit sie jetzt mal so richtig von der Kälte! Zufrieden salutiert er danach vom Cockpit seiner Maschine aus dem Piloten auf Augenhöhe und murmelt cool und knapp durch seine kalten Lippen die zwei magischen Silben seines Berufsstandes »Eis-frei!«. Milde lächelnd übersieht er nach getaner Arbeit die unter ihm herumwuselnden Busfahrer, Gepäckschlepper und Treppen-Schieber – und genehmigt sich danach erst mal einen Eiskaffee. Er ist der coole Hund der Flughafenpiste. Mr. No Ice. Was im Film »Transformers« deshalb meiner Meinung nach noch fehlt, ist eine entfesselte Enteisungsmaschine.

So liebe Lesepassagiere, jetzt kann es auch wirklich losgehen, wir haben meinen Superhelden des Flugplatzes getroffen, die Schlampen in Brüssel sind uns nun gnädig, und der Captain kann nun endlich seinen verdammten Job machen – wir fliegen los!

Kapitel 12

IT'S SHOWTIME!
(Die Security-Show)

Vorbemerkung: Ich weiß, wie wichtig beim Fliegen die Sicherheit aller Reisenden ist. Ich weiß auch, wie wichtig deshalb der Vortrag der Sicherheitsanweisungen ist. Aber – für mich ist und bleibt der mysteriöse und absurde Höhepunkt jeder Flugreise: DIE SECURITY-SHOW! Folgen Sie meinen Anweisungen – hier erfahren Sie, warum.

Wir sitzen. Wir sind angeschnallt. Wir haben gerade nichts zu tun – es gibt nichts zum Essen, zum Trinken, zum Lesen (außer natürlich in der Business, wo in diesem Moment schon erste Gläser Sekt, Reinigungstücher und BUNTEGALAs durch den Raum fliegen) – es ist also der ideale Moment, the moment we all have been waiting for … Ladies and Gentlemen … the one, the only SECURITY-SHOW! Eigentlich ist die Situation für die Macher ideal, denn jeder Bühnen-Performer träumt ja ein Leben lang von fest angeschnallten Zuschauern. Aber natürlich wissen alle Security-Showboys und -Showgirls, dass es auch hier wieder zwei sehr unterschiedliche Gruppen im fliegenden Zuschauerraum gibt: Vielflieger und Erstflieger, das heißt, entweder Ignoranz oder panische Hochkonzentration.

Ich stelle mir das Ganze in diesem Moment immer als echte Theatershow vor und sehe aus den Augen der Security-Showcrew in Richtung Zuschauerraum. Was für ein merkwürdiges Haus! Während die einen an meinen Lippen kleben wie die »Kinder des Olymp« (die Fans auf den Stehplätzen im obersten Rang des klassischen französischen Unterhaltungstheaters), schauen die anderen Zuschauer nicht einmal in meine Richtung, sondern lesen Zeitung oder schlafen sogar. Und das schon BEVOR ich angefangen habe! Was tut man nun da als Hamlet von Hapag Lloyd? Gibt man alles, dreht man sogar noch ein bisschen mehr auf als sonst, oder verhält man sich eher wie bei einer Rentner-Matinee nach zwei Jahren Laufzeit des Stückes – man ist laut, aber uninteressiert? Nun, nach all meinen Jahren in den Zuschauerreihen der Security-Show kann ich sagen, es gibt sehr große Unterschiede in Art und Kraft der Darstellung! Und die unterschiedlichen Typen sind gar nicht so weit weg vom Theater. Aber lassen sie uns erst einmal einen Blick auf den heiligen Text werfen, den täglich am häufigsten gesprochenen Monolog der Welt. Hier ist er mal schriftlich – das Vaterunser des Flugverkehrs – zum Mitsprechen und Mitbeten in Deutsch und Englisch (wenn Sie gerade im Flugzeug sitzen, lesen Sie den Text doch mal laut vor – und verblüffen Sie Umsitzende und Ihre Trolley Dollys!):

»Wir möchten Sie nun bitten, Ihre Sicherheitsgurte zu schlie-ßen und festzuziehen. Zu Ihrer eigenen Sicherheit empfehlen wir Ihnen, Ihren Gurt während des gesamten Fluges geschlos-sen zu halten. Um Ihren Gurt zu öffnen, heben Sie einfach die Abdeckklappe an und ziehen den Gurt auseinander.
Whenever the seat belt sign is on, your seat belt must be faste-ned low and tight across your lap. To fasten, slide the metal end into the buckle and adjust by pulling the loose end of the strap. Lift the buckle to release.

Diese Boeing verfügt über vier Türausgänge. Zwei im vorderen und zwei im hinteren Teil der Kabine. Vier zusätzliche Fens-terausgänge befinden sich direkt über den Tragflächen. Alle Notausgänge sind mit dem Wort EXIT gekennzeichnet. Leucht-streifen weisen Ihnen den Weg dorthin.

This Boeing has eight exits, each clearly marked with the word EXIT. Please take a moment now and locate the two exits nearest you, keeping in mind the nearest exit may be behind you. If evacuation is necessary and cabin visibility is reduced, aisle path lighting will illuminate.

Schwimmwesten finden Sie unter den Sitzen. Nehmen Sie diese bitte nur dann heraus, wenn wir Sie dazu auffordern. Ziehen Sie die Schwimmweste über Ihren Kopf, führen Sie das Band hinter dem Rücken nach vorn und schieben Sie die Schnalle in den Verschluss. Ziehen Sie das Band fest.
Your life vest is located in a container beneath. Pull on the fabric strap to release the life vest pouch. Tear open the pouch. Place the vest over your head, wrap the belt around your waist, secure the buckle and tighten by pulling on the loose end of the belt.

Unmittelbar nach Verlassen des Flugzeuges über die Notausgänge ziehen Sie an den roten Knöpfen, um die Weste aufzublasen. Die Schwimmweste n i c h t im Flugzeug aufblasen. Die Weste hat zwei seitlich angebrachte rote Ventile, die zum Aufblasen der Weste, sowie zum Ablassen von Luft benutzt werden können. Eine Signallampe leuchtet auf, sobald sie mit Wasser in Berührung kommt.
Inflate just prior to exiting the aircraft by pulling the red tabs or manually blowing into the tubes at shoulder level.

Im Fall eines Druckverlustes in der Kabine fallen automatisch Sauerstoffmasken aus einem Behälter über Ihrem Sitz. Ziehen Sie eine Maske ruckartig zu Ihnen heran und drücken Sie die Öffnung fest auf Mund und Nase, und erst dann helfen Sie mitreisenden Kindern.
If we experience a decrease in oxygene pressure, oxygen masks

will appear from a compartment above your seat. Reach up and pull the mask toward you to start the flow of oxygen. Place the mask over your nose and mouth, tighten the elastic band around your head by pulling on either side and breathe normally. Remember to put your mask on first before assisting other customers. In case of an emergency water landing you can use the life west whistle to attract attention.

Zum Schluss möchten wir Sie auf die Sicherheitskarten aufmerksam machen. Die Karte befindet sich in der Sitztasche vor Ihnen.
Please take a moment now to review the safety information card, which you'll find in the seatback pocket.«

Dieser Text fasziniert mich immer noch, nach all den Jahren des Fliegens. Es gibt wirklich mysteriöse Stellen darin. Oder auch Beleidigungen – kapiert wirklich jemand im Jahr 2010 nicht, wie die Schnalle eines Sicherheitsgurtes funktioniert? Sitzt da jemand, hält fragend die beiden Enden des Gurtes in der Hand und mault verstört in Richtung Stewardess »Wie jetzt? Buckle/ Unbuckle? Wo soll ich das Ding denn reinstecken? Ich verstehe das einfach nicht?« Welcher simple Mensch könnte das sein, außer vielleicht ein ganz kleines Kind? Und damit sind wir bei einem zweiten mysteriösen Punkt in dem Text – das mitreisende Kind, das nicht zuerst atmen darf! Immer wenn ich im Text an den Punkt komme, wo vor meinem inneren Auge die Sauerstoffmasken aus der Decke fallen und neben mir das Kind schreit, denke ich jedenfalls: »Erstmal das Kind retten! Frauen und Kinder zuerst! Ich bin erwachsen, meine Lungen sind größer, meine Atemtechnik genauer, ich halte es bestimmt die 30 Sekunden länger aus, während ich dem Kind zuerst Luft verschaffe.« Natürlich verstehe ich grundsätzlich die Haltung hinter der Ansage – wenn ich selber sicher atme, kann ich besser anderen helfen … aber es klingt an der Stelle immer so unfair! Das arme Kind! Also, ich wüsste nicht, ob ich im Fall des Falles diese Anweisung befolgen würde …

Noch etwas zum Sicherheitsgurt: Hier versteckt sich noch ein Peinlichkeitsmoment allererster Güte und mein persönlicher Alptraum beim Platznehmen im Flugzeug – der Gurtverlängerer! Das Accessoire der Hölle! Sie haben es sicher alle schon mal gesehen – wenn bei einzelnen Reisenden der normale Gurt von der Länge nicht reicht, um die ganze Leibesfülle zu umrunden, bringt die Flugbegleiterin (beten Sie hier, dass es eine Svenja ist …), für alle im Flugzeug sichtbar, diesen grauen Extrastrick, der nur eines aussagt: DU BIST ZU DICK! Allen anderen passt der normale Gurt – ABER DIR NICHT! Guck wir haben da extra was – FÜR SOLCHE WIE DICH! Das ist übrigens für mich das optimale Weihnachtsgeschenk für Menschen, die Sie hassen. Es macht sicher großen Spaß, dieses schlecht erkennbare Objekt vor den Augen aller Anwesenden dem Beschenkten zu erklären: »Das, lieber Helmut, ist dein persönlicher Gurtverlängerer, damit du im Flugzeug nicht immer so Probleme hast.« Aber in dem Moment, in dem Ihnen selbst das Teil im Flugzeug angeboten wird, ist es eigentlich ein himmlisches Zeichen: Zeit für eine Diät! Schlankheitswahn hin, Schönheitswahn her – der Gurt passt dir nicht mehr! Falls schon die nächste Leibesfüllestufe erreicht wurde und man sowieso zwei ganze Sitzplätze buchen muss, ist es auch schon wieder egal. Dann nimmt man einfach den Gurtverschluss vom zweiten Sitz für die Schnalle vom ersten und schert sich nichts mehr …

»The security exits are marked with the word EXIT« – das wäre ja auch blöd, wenn da »Toilette« drüber stehen würde! Hier sind wir wieder bei den Aufklebern im Flugzeug, die mich nervös machen – gab es je eine Idee, darüber etwas anderes zu schreiben?

Aber wir werden ja Gott sei Dank alle die Notausgangstüren finden, denn LEUCHTSTREIFEN MARKIEREN DEN WEG DORTHIN. Das ist für mich einer der schönsten Sätze der deutschen Sprache. Er hat so etwas Beruhigendes. Und gleichzeitig etwas fast Religiöses. Manchmal wünsche ich mir dieses Verfahren für mein ganzes Leben – wäre es nicht schön, wenn für jeden Menschen überall Leuchtstreifen aufgeklebt wären, denen er nur folgen müsste? Zur Schule, zum Job und jetzt schnell raus aus der Bar mit dem schlechten Tequila? Könnte Gott nicht ein Leuchtstreifenkleber sein mit einer endlosen Rolle, und immer dann, wenn er das UV-Licht/Schwarzlicht einschaltet, sehen wir alle auf einmal seine Zeichen? Und heißt es deshalb vielleicht Schwarzlicht, weil die Abwesenheit von Leuchtstreifen uns ins Dunkle, ins Unglück führt? Egal, ich murmele diesen Satz aus dem Security-Gebet oft wie ein Mantra in schwierigen Momenten meines Lebens – ich bin mir sicher, wir müssen nur die Leuchtstreifen im Leben erkennen, und dann werden sie uns den Weg zeigen. Und sie sind neonfarben, deshalb totales Eighties-Revival, sie legen die Betonung auf das Wörtchen »schick« in Schicksal!

Jetzt kommen wir zu dem theoretischen Moment, in dem die Sauerstoffmasken aus der Decke fallen (liebe Rheinländer, es handelt sich bei den angesprochenen »Masken« wirklich um Sauerstoffmasken, obwohl nur das Wort »Masken« gesagt wird – niemand außer euch meint, dass im Fall eines Druckverlusts Karnevalsmasken aus der Decke fallen und man so eine letzte Polonaise feiern kann …), und da gibt es manchmal einen feinen sprachlichen Unterschied zwischen dem englischen und dem deutschen Text, der mich zu dem Ausruf bringt: DARUM LIEBE ICH ENGLAND! Denn während der Deutsche meistens knapp von einem Druckverlust ausgeht (»im Fall eines Druckverlusts«), fügt der Engländer immer höflich und beruhigend das kleine Wort »unlikely« ein, »unwahrscheinlich« – »in the unlikely event of a loss of pressure«. Dieses »unlikely« beruhigt mich enorm – da bin ich wie ein Kind. Egal, ob es gelogen ist oder nicht, der Druckverlust ist eben nicht wahrscheinlich, das hat der Mann da vorne ja gerade gesagt, und deshalb werden wir auch alle heil ankommen, und ich muss nicht überlegen, ob ich erst dem Kind neben mir Luft verschaffe oder mir selbst! Dieser Fall ist UNWAHRSCHEINLICH! Das haben zwei englische Gentlemen vorne im Cockpit, die sich mit Fliegen auskennen so besprochen, mit einer Tasse Tee und einem Regenschirm in der Hand. »Lord

Skyhigh, do you think an emergency in flight is possible?«
»Dear George, I think it's highly unlikely!« Stellen Sie sich ab jetzt bei diesem Satz immer dieses Bild vor, und schon sind Sie beruhigt. Ich bin es jedenfalls.

Beunruhigend bleiben die Schwimmwesten. Denn auch nach Jahren des Fliegens klingen sie immer noch so – kompliziert. Vielleicht sollte man hier mit allen Reisenden wirklich mal eine Live-Übung machen. Das sähe zwar albern aus, und die Crew müsste den Rest des Fluges damit verbringen, die Luft aus den Westen und selbige wieder unter die Sitze zu stopfen – aber dann wären wir uns sicher, dass wir es auch wirklich können! Also wie war das noch mal: Weste unter dem Sitz hervorziehen (hoffentlich ist sie da), über den Kopf ziehen und dann die Gurte um den Leib engziehen (gibt es da auch einen Extragurt für die Leute mit dem Extragurt?). Dann an den Strapsen ziehen (ich nenne die beiden Schnüre immer Strapse, weil es im Englischen »straps« heißt und weil dieses ganze kühle Manöver für mich so wenigstens etwas leicht Sinnliches bekommt), dann bläst sich wohl das Ding auf (hoffentlich), und wenn nicht, bläst man selber mit dem Mund am Anblas-Stutzen auf (hier scheitern, glaube ich, in Panik alle – ich kann oft nicht einmal in völliger Ruhe einen Luftballon aufblasen). Und schließlich gibt es in manchen Fällen noch eine kleine Pfeife, in die man notfalls blasen kann, um dann im Wasser auf sich aufmerksam zu machen …

Viele Comedians (Michael Mittermeier, Hattie Hayridge u. a.) haben schon darauf hingewiesen, und ich möchte mich da anschließen, dass die Vorstellung, nach einem Flugzeugabsturz, im Meer mit einer kleine Pfeife auf sich aufmerksam zu machen, etwas – wie soll man sagen – Verträumtes hat. Es stürmt, es braust, man fiept – es wird nicht klappen!

TROTZDEM MÖCHTE ICH AN DIESER STELLE MEINE TOP TEN MÖGLICHER SOLOFLÖTENHITS NICHT VERSCHWEIGEN, DIE MAN IN EINEM SOLCHEN FALL ANSTIMMEN KÖNNTE:

1. Time to Say Goodbye
2. Spiel mir das Lied vom Tod
3. Sailing
4. Alles von der Gruppe »Wet Wet Wet«
5. An der Nordseeküste (wenn's passt)
6. Help – Beatles, S.O.S. – Abba, Save Me – Clout etc.
7. Ich will zurück nach Westerland (wenn's passt)
8. Gute Nacht, Freunde
9. Staying Alive
10. Thema von »Der weiße Hai«

Am Schluss der Security-Show wird immer noch auf die Karte in der Tasche des Vordersitzes hingewiesen, auf der man all das Gehörte noch viel genauer nachlesen kann. Bei diesen Security-Cards finde ich eigentlich immer die Comic-Grafiken von Notrutschen am schönsten, über die Menschen fast heiter und eventuell schon mit einem Lied der obigen Playlist auf den Lippen zu rutschen scheinen, als wäre es ein Spaßbad am Sonntagnachmittag. Wobei mir hier ein Detail immer wirklich wichtig erscheint: Schuhe aus! Denn anscheinend können besonders Stöckelschuhe die Rutsche beschädigen, und dann geht die Luft raus. Deshalb mein Tipp: Wenn Sie bei einer Notlandung im Wasser ein Madämmchen aus der Business Class vor sich haben sollten – einfach wegschubsen! Die vergisst bestimmt, die High Heels auszuziehen, und außerdem war die Security-Show nicht auf Russisch. Und bevor Sie wegen einer Prada-Pute über eine durch sie in Deflation befindliche Rutsche ins Nichts gleiten, retten Sie lieber zuerst sich und dann mitreisende geistige Kinder in Couture.

Dieser Teil der Ansage über die Wassernotlandung hat natürlich immer die größte Textdramatik und sorgt, auch durch das ewig Komplizierte der Schwimmweste, sogar manchmal dafür, dass selbst schlafende Vielflieger ab und zu noch mal das müde Lid liften – aber am besten, finde ich, wirkt sie BEI DEUTSCHEN INLANDSFLÜGEN! Immer wieder habe ich es erlebt, dass wir auf einem Flug von Berlin nach München mit ernsten Worten auf eine Wassernotlandung vorbereitet werden – WO SOLL DAS SEIN? In der Oder? Im Main? Da muss der Pilot ja erstmal TREFFEN! Oder ist es das – eine Art Aufforderung zum Zielschießen für die Piloten, angeraten vom gelangweilten Personal? »Ja, jetzt haben wir die Schwimmwesten demonstriert, Captain, dann müssen Sie den Bodensee auch treffen!« In diesen Momenten erleidet die Security-Show leider einen dramaturgischen Tiefpunkt. WIR ALLE merken, dass die Schauspielerinnen und Schauspieler das Stück gar nicht so ernst nehmen – denn SONST WÜRDE IHNEN DIESER UNSINN AUFFALLEN!

Und damit sind wir schließlich wieder bei den Vortragenden, den Performern der Security-Show, die dieses Stück jeden Tag mehrmals vor einem, wie schon gesagt, sehr unterschiedlich interessierten Publikum geben müssen. Man spricht ja oft von der Belastung von Musicaldarstellern durch acht Shows pro Woche, aber die Belastung der Darstellerinnen und Darsteller der Security-Show mit mindestens vier Shows pro Tag wird immer heruntergespielt. Dabei gibt es wahrscheinlich auch deshalb so unterschiedliche Aus- und Aufführungen. Hier sind, ähnlich wie im Theater, meine Rollenfächer der Lüfte:

1. DIE JUGENDLICHE UNSCHULD

Sie ist weiblich, jung und bemüht sich noch. Sie ist immer noch leicht gekränkt, wenn ihr keiner zusieht, denn es geht ihr um die Sache. Sie tut deshalb an den entscheidenden Stellen stimmlich Soap-Opera-Drama rein (mitreisendes Kind, Schwimmweste) und erkennt vor Eifer aber auch nicht den Fehler, dass die Schwimmweste über Hessen nur hinderlich wäre. Sie ist wie jede junge Schauspielerin auf der Welt – voll dabei, in the moment und voll Emphase. Gäbe es im Text noch eine Stelle, wo alle im Wasser schwimmen und nach Hilfe rufen, würde sie garantiert in Tränen ausbrechen. Und zwar jedes Mal.

2. DER ARLECCHINO

Die Figur aus der Commedia dell'Arte versucht, den trockenen Text mit Humor aufzuwerten und so die Aufmerksamkeit des wegsackenden Publikums zurückzuerobern. Der Arlecchino ist immer männlich und besonders oft bei Billigfliegern vorzufinden, bei denen eine solche Bespaßung des zahlenden fliegenden Publikums auch Programm ist. Die Pointen des Arlecchinos sind von recht unterschiedlicher Qualität – sicher ist ihm aber auf jeden Fall der Zuspruch der hinteren Reihen, dem Reisetyp, der auch zu Klatschen beim Aufsetzen des Flugzeuges neigt. Ein typischer Gag von Arlecchino wäre zum Beispiel:

»Sollte der Druck in der Kabine sinken, fallen automatisch Sauerstoffflaschen aus der Kabinendecke.«

Oder:

»Ihr Sitzkissen kann als Schwimmhilfe benutzt werden. Im Falle einer Notlandung im Wasser überlassen wir es Ihnen mit unseren besten Empfehlungen.«

Einer meiner liebsten Möglichkeiten, wegen der biblischen Dramatik:

»Wenn Sie mit einem kleinen Kind reisen, ziehen Sie erst Ihre eigene Maske auf und helfen anschließend dem Kind. Wenn Sie mit zwei kleinen Kindern reisen, ist jetzt der Zeitpunkt zu entscheiden, welches Sie lieber haben.«

Oft träumt der Arlecchino auch von einer Karriere im echten Showgeschäft, oder er schafft das sogar – wie zum Beispiel Mario Barth.

3. DER/DIE KOMISCHE ALTE

rast durch den Text und agiert an einigen Stellen mit bitterem Humor, da ihm/ihr das Nichtzuhören der Passagiere nach 20 Jahren Flugerfahrung inzwischen echt auf die Eier/stöcke geht. Pointen des/der komischen Alten sind deshalb seltener als beim Arlecchino, treffen aber mehr ins Mark der Ängste des Publikums. Man könnte sagen, der/die komische Alte bedient sich der englischen Schule. Ein Beispiel:

»Sollte der Druck in der Kabine sinken, fallen automatisch Sauerstoffmasken aus der Kabinendecke. Hören Sie auf zu schreien, ziehen Sie die Maske zu sich heran und platzieren Sie sie fest auf Mund und Nase.«

Gerade zum Ende des Fluges läuft der/die komische Alte zur Hochform auf, weil er/sie durch den langen Flug und das damit begonnene 21. Jahr Flugerfahrung noch schlechter gelaunt geworden ist. Zwei Beispiele:

»Herzlich willkommen in X. Bitte bleiben Sie noch angeschnallt sitzen, bis wir die endgültige Parkposition erreicht haben und die Anschnallzeichen erloschen sind. Dann können Sie wieder drängeln und schubsen wie gewohnt.«

Oder:

»Sehr geehrte Fluggäste, ich begrüße Sie hier in London-Stansted, wo das Wetter kalt, scheußlich und ungemütlich ist, genauso wie mein Exmann.«

4. DER BRECHT-INTERPRET

gibt uns den Sicherheitstext in der Tradition des epischen Theaters – das heißt, es findet in keinem Moment eine Identifizierung des Zuhörers mit dem Gesagten statt, alles bleibt als Text abstrakt und ohne Emotionen. Dazu benutzt der Brecht-Interpret einen tonlosen Ton und ein schnelles Tempo und trennt so den Inhalt vom Vortrag. Der Brecht-Interpret hält den Rekord im Tempo der Security-Show und weist auch ab und zu nur stumm auf die Sicherheitskarte in seiner Hand und verschwindet dann wieder. Ein Meister.

5. DIE GROSSE TRAGÖDIN

hat schon zu viele Flüge und/oder zu viele Schnäpschen hinter sich und gibt uns den Security-Text mit der beruhigenden Haltung. »Wir werden alle sterben!« Die große Tragödin wird ab und zu bei ihrer Darbietung von einem Kollegen gestützt. Man trifft sie leider immer seltener an, Ton und Darbietung erscheinen veraltet, und vielleicht haben sich auch zu viele Passagiere über das Pathos beschwert, mit dem sie das drohende Ende beschwört. Ich mochte sie immer gerne, besonders weil sie im Moment des Anlegens der Schwimmweste immer ein bisschen Guillotine mit reinlegte und weil bei ihr das Nicht-mit-Luft-Versorgen der mitreisenden Kinder immer eine Spur zu fröhlich klang: ein Medea-Moment, wahrscheinlich sitzt sie auch deshalb heute oft eher am Eingang einer Lounge.

6. DEUS EX MACHINA

Der Pilot. Dazu später mehr.

Das Verschwinden der großen Tragödin ist aber nicht das Einzige, das die Security-Show der letzten Jahre immer weniger glitzernd und spannend gemacht hat – vor allem ist es der immer häufiger werdende Einsatz von Videos, der die Show, so wie wir sie kennen und lieben, bedroht. Ähnlich wie der Tonfilm die Bühnen der zwanziger Jahre bedrohte, nehmen nun immer mehr die Videos den guten Darstellern der Security-Show die Arbeit weg. Manchmal moderieren sie sogar nur noch das Video an – das zwar auch durch krude Animation und homunkulushafte Menschlein im Bild oft seine lustigen Momente hat – aber natürlich nie an die großen Darstellungen der klassischen Show heranreicht. Deshalb: Unterstützen Sie die Security-Show da, wo es sie noch gibt! Seien Sie aufmerksam, lachen Sie über die Gags von Arlecchino, applaudieren Sie begeistert den letzten großen Tragödinnen! Denn bald gibt es nur noch das Video, und ob das es schafft, uns zu erklären, wie wir diese verdammte Schwimmweste im Fall des Falles anlegen müssen …

Hier noch ein, wie ich finde, sehr guter Arlecchino-Text eines Mitarbeiters von Northwest Airlines:

»Ladies und Gentlemen – unsere Sicherheitsgurte sind nicht so gefährlich, wie sie aussehen. Um sie zu schließen, schieben Sie das flache Ende in die Schnalle, um sie zu öffnen, heben Sie die Schnalle an. Die Sicherheitsgurte sollten genauso getragen werden, wie das Jennifer Lopez tun würde, tief sitzend und eng um die Hüften, zu jeder Zeit, während Sie sitzen.

Für den Fall, dass Ihnen unser Service nicht gefällt oder dass Ihnen der Flug zu lang wird, haben wir sechs Notausgänge. Zwei Ausgänge vorne, zwei Fensternotausgänge über den Tragflächen und zwei Ausgänge hinten. Beleuchtete Schilder und Leuchtstreifen am Boden weisen Ihnen den Weg zu den Ausgängen.

Bitte beachten Sie unsere wunderschön illustrierten, mehrfarbigen Sicherheitsanweisungen in der Sitztasche vor Ihnen. Für den Fall eines Notausstieges im Wasser haben wir unter wirklich jedem einzelnen Sitzplatz in diesem Flugzeug eine wunderbare gelbe Rettungsweste versteckt. Bitte holen Sie diese nur dann heraus, wenn Sie dazu aufgefordert werden!

Beugen Sie sich nach vorn und greifen Sie den rechten Griff des Faches unter Ihrem Sitz. Öffnen Sie das Fach, entnehmen Sie bitte den Beutel mit der Rettungsweste, nehmen Sie diese heraus und streifen Sie sie über Ihren Kopf. Sofort sehen Sie modisch und topschick aus. Um noch zusätzlich Ihre Taille zu betonen, ziehen Sie das schwarze Band um Ihren Körper und schließen es vorne mit der Schnalle. Erst nachdem Sie das Flugzeug verlassen haben, blasen Sie die Weste auf, indem Sie in das Ventil an Ihrer Schulter pusten, oder indem Sie an dem roten Band vorne ziehen.

Andrea und Barbara kommen nun zu Ihnen in die Kabine, um zu überprüfen, ob Ihr Sicherheitsgurt geschlossen ist, ob Ihre Schuhe zu Ihrem restlichen Outfit passen und ob die Klapptische und Sitze in ihrer besonders unbequemen, ganz senkrechten Position sind. Und ob Ihr Handgepäck vollständig unter den Sitz vor Ihnen so reingestopft, gepresst, geschoben, reinschmiegt ist, dass Sie noch genügen Beinfreiheit haben.

Wir weisen darauf hin, dass dies ein Nicht-Jammern-, Nicht-Beschweren- und ein Nichtraucher-Flug ist. Rauchen ist an Bord dieses Flugzeugs verboten, und ein Gesetz verbietet es, die Rauchmelder in den Waschräumen zu manipulieren, auszuschalten oder zu zerstören.

Obwohl wir noch nie einen Druckabfall erlebt haben, sollte dies dennoch passieren, werden vier wunderschön goldene –

ich kann es kaum fassen! – puddingformähnliche Designer-Sauerstoffmasken aus einem Geheimfach über Ihnen magisch erscheinen. In diesem Fall hören Sie bitte sofort auf zu schreien und lassen Sie Ihren Sitznachbar los. Ziehen Sie eine Maske zu sich heran, bis das Plastikschläuchlein vollständig gerade ist. Werfen Sie 50 Cent für je eine Minute Sauerstoffzufuhr ein. Auch wenn sich die Plastiktüte Ihrer Maske nicht entfaltet, die Ihres Sitznachbarn wird es sicher. Es wird ganz toll klappen für Sie beide!

Wenn Sie in Begleitung von jemandem reisen, der beim Aufsetzen der Maske besondere Hilfe benötigt, ein Kind, ein ungeschickter Ehemann, jeder, der jetzt gerade nicht zuhört, setzen Sie Ihre Maske zuerst auf, bevor Sie helfen!«

UND NOCH EINE WAHRE GESCHICHTE:

Auf einem kurzen Flug von Bangkok nach Malaysia waren nur sehr wenige Passagiere an Bord. Daher fragte die Stewardess, ob wir einverstanden seien, auf die Sicherheitshinweise zu verzichten. Alle waren es, bis auf eine ältere amerikanische Dame. Daraufhin ging die Stewardess zu ihr und sagte: »Listen Lady, it's very easy: We crash, you die!«

Kapitel 13
DIE WASCHRÄUME
(Die Flugzeugtoilette)

Die Waschräume – das klingt immer nach lichtdurchfluteten Badeanstalten, nach mehreren, aneinandergereihten Spa-Suiten mit Wannen und Duschen, vor allem klingt es nach Raum, sogar nach mehrfach Raum. »Wir bitten Sie die Waschräume jetzt nicht mehr aufzusuchen …« – die feierliche Ansage, gegen Ende eines Fluges, bei der es bei mir immer ein bisschen nach Grand Hotel klingt. Gut – ich werde diese diversen Räume nicht mehr aufsuchen. Vielleicht könnte ich mich ja darin verlieren.

Das durchschnittliche Flugzeugklo ist deutlich mehr Nasszelle als Waschraum. Es ist eine Welt für sich, eigentlich eine Hülle voll technischer Vorrichtungen, die genau einen einzigen Menschenkörper umschließt. Man kann sich genau einmal drehen, wenden, setzen, stellen und hat dann von jeder Wand dieser Kapsel einen Abstand von zehn Zentimeter. Es ist eher ein Plastik-Ganzkörperkondom mit Verdauungsmöglichkeiten als ein Raum. Kennen Sie noch die eiserne Jungfrau, das Foltergerät aus dem Mittelalter? So kommt mir oft das Flugzeugklo vor, nur ohne eiserne Nägel nach innen. Stattdessen hat es andere Foltermöglichkeiten.

Hier vielleicht der wichtigste Tipp des ganzen Buches: Schauen Sie nie – niemals, niente, never – nach einem mehrstündigen internationalen Flug mit Überschreitung der Tag/Nachtgrenze in den Spiegel eines Flugzeugklos. Glauben Sie mir: So sehen Sie nicht aus! Dieser ausgetrocknete, aufgequollene Zombie mit Druckstellen im Gesicht – das sind nicht Sie!

Das sind nur Sie, wie das Foltergerät »Flugzeugklo« es Ihnen vorgaukeln will.

Noch ein Tipp: Benutzen Sie keine Produkte, die Ihnen in einem Flugzeugklo angeboten werden! Auch nicht in der Business! (In der First Class gibt es natürlich wirklich diverse RÄUME …) Die Produkte stammen aus der gleichen Fabrik wie die Erfrischungstücher mancher Airline – ich tippe auf alte Ostbestände der Plaste-und-Elaste-Produktion Südrumäniens: Das Zeug ist toxisch! Die Seife stinkt und schafft es obendrein, Ihre sowieso schon ausgetrocknete Haut noch weiter auszutrocknen. Es gibt diese Seife meiner Meinung nach in Dry und Extra Dry. Sie können Ihr Gesicht auch gleich in eine chemische Reinigung geben.

Und dann die grauen Papierblätter aus dem »Spender«: Erstens ist es kein »Spender«, sondern ein »Rupfer«, denn man rupft immer mindestens drei Lagen gleichzeitig raus. Zweitens schrubbt das recycelte Machwerk (ja, auch ich bin Öko, aber es gibt Grenzen) die Hände so ab, als hätte man zum Handabtrocknen gleich noch ein Peeling bestellt. Und drittens: NIEMALS DIE GRAUEN SCHRUBBELSCHEIBLETTEN IM GESICHT BENUTZEN! Frauen kamen vom Flugzeugklo zurück und wurden von ihren eigenen Kindern nicht wiedererkannt.

Aber beginnen wir beim Anfang: Man betritt die »Waschräume«, schließt die Tür und erschrickt sich. Menschen mit Platzangst gehen sofort wieder raus. Menschen mit einer Extragurtverlängerung haben Angst steckenzubleiben. Nie kam einem eine Zugtoilette der Deutschen Bahn so attraktiv vor. Dort könnte man ja dagegen Partys feiern. Nun beginnt das, was ich Air-Toilet-Akrobatik nennen möchte. Absolute Körperbeherrschung oder ein mehrjähriges Yoga-Praktikum helfen. Deckel öffnen, drehen, Hose öffnen, niederlassen, ausatmen. Ich finde immer, nach dieser Übung könnte es schon mal Applaus geben. Nun hat man auch Ruhe und Zeit, diesen begehbaren Toilettenschrank genau anzugucken. Oder sogar sich selber – wenn es eine dieser Fälle ist, wo an der Tür von innen noch ein großer Spiegel angebracht ist! Wer denkt sich so was aus! Ich höre noch den Designer bei der Präsentation mit dem Satz »Dadurch wirkt der Raum größer!« Erstens: nicht wirklich und zweitens: Dafür muss ich mir bei Sachen zusehen, bei denen ich mir nicht zusehen möchte! Und das Licht macht selbst schon bei Inlandsflügen aus mir eine Mischung aus einem Francis-Bacon-Portrait und menschlicher Altkleidersammlung! Egal, wir atmen durch, aber nicht zu sehr, konzentrieren uns aufs Wesentliche: Möglichst schnell fertig werden und raus hier! Trotzdem schießen uns einige Gedanken durch den Kopf: Wo geht das gerade eigentlich alles hin? Ist nicht wirklich mal jemand von einem herunterfallenden Block gefrorener Ausscheidungen erschlagen worden? Und wer kommt neuerdings bei Air Berlin auf die Idee, WERBUNG in Flugzeugklos anzubringen? Für eine Zahnversicherung! Wenn schon, dann für Schönheitschirurgie! Und warum bingt diese Glocke jetzt schon wieder so dringlich? Was, wenn ich es nicht zurück auf meinen Platz schaffe und in DIESER Position abstürze? Hat schon je jemand einen Absturz IN einem Flugzeugklo überlebt? Obwohl – vielleicht schützt mich ja dieses graue Kabinen-Kondom, und ich schwimme darin gemütlich auf dem Ozean und habe so mein eigenes Bötchen? Und was, wenn ich beim Absturz gar nicht mehr vom Sitz hochkomme?

Ein paar Fakten an dieser Stelle zu diesen Gedanken:

Ja, es hat sich schon einmal ein Passagier – auch ohne Absturz – in so einem Klo »festgesaugt«, das heißt, es entstand ein Vakuum in der Kloschüssel, und der Passagier konnte sich nicht mehr rausbewegen. Und ja, er musste so bis zum Ende des Fluges sitzen bleiben (nachdem er die Notklingel betätigt und die Crew ihn in diesem schönen Zustand gefunden hatte) und wurde dann nach der Landung erst »abgeschraubt« – ob er bei der Landung angeschnallt war, ist nicht überliefert.

Nein, die Fäkalien werden nicht »in Blöcken« abgeworfen – dann hätten wir am Boden eine ganz schöne Sauerei. Es gibt aber das »Blue Ice«-Phänomen: Wenn das Auslassventil am Toilettentank undicht ist oder sich Fremdkörper festgeklemmt haben (die Lufthansa erwähnte einmal ausdrücklich Teebeutel!?), tritt Flüssigkeit samt blauem Desinfektionsmittel aus und gefriert sofort zu Eisklumpen. Diese schlagen dann durchaus mal ein Hausdach ein, in den USA passiert das circa einmal pro Jahr. Also aufgepasst, wenn mal im Duty Free »Blue Ice« angeboten wird – es ist kein Herrenduft …

Eine der absurdesten Vorstellungen im Hinblick auf die Durchschnittsgröße der Waschräume über den Wolken ist die Idee, in und an einem solchen Ort Geschlechtsverkehr zu haben. Immer wieder hört man ja Geschichten von heißem Sex auf Flugzeugtoiletten (oder vielleicht sind das auch nur meine Bekannten …) und wie auf diese Weise ein langer Nachtflug aufgewertet wurde. Es soll ja sogar einen sogenannten »Mile-High-Club« geben für Leute, die über den Wolken Sex hatten. Meine Frage: WIE SOLL DAS GEHEN? Die Vorstellung, dass sich ZWEI Leute in diese Einmannzelle schieben und darin irgendwelche Positionen einnehmen, übersteigt meine Vorstellungsmöglichkeiten (wer will, kann mir Skizzen zuschicken), außer es handelt sich um das Behinderten-WC im mittleren Teil einer Boeing bei United Airlines. Wie ich aus gut unterrichteter Quelle weiß, ist da wohl Platz genug …

Der Erfinder des Mile-High-Clubs war übrigens wohl der Pilot und Konstrukteur Lawrence Sperry, der angeblich im November 1916 seine Mitgliedschaft »erwarb«, als er während eines Fluges in einem Curtiss-Flying-Boat über New York einen selbst konstruierten Autopiloten testete und Sex mit Mrs. Waldo Polk hatte. Und im November 2007 berichtete BBC online unter dem Titel »Airline verbietet den A380 Mile-High-Club« (original: *Airline bans A380 mile-high club*) über eine Maßnahme von Singapore Airlines. Die Fluglinie bat kurz nach der Linien-Einführung ihres neuen Airbus A380 ihre Erste-Klasse-Passagiere, die Gesetze zu beachten. Die zwölf Erste-Klasse-Abteile böten zwar ein Doppelbett, seien aber nicht schallisoliert. Und natürlich bietet auch die Toilette im neuen A380 ein ganz anderes Bild als bei easyJet:

ZITAT:

»Zur funktionalen Ausstattung der Sanitärzone gehören beispielsweise ein Fenster, dessen Scheibe sich auf Knopfdruck elektronisch in Milchglas verwandelt und eine geräuschgedämmte Verkleidung der Vakuumeinheit, die angrenzende Passagierbereiche vor Spülgeräuschen schützt. Für weiterer Komfort sorgen infrarotgesteuerter Wasserhahn und Seifenspender, Stoffhandtücher mit separatem Entsorgungsbehälter zur Wiederverwendung, großzügige Präsentationsflächen für Kosmetika sowie ein komfortabler mit Leder bezogener Klappsitz.«

Tja, die First …

Und noch ein kleines spielerisches Experiment, das man auch mal selber im Flugzeug durchführen kann, wenn einem langweilig ist:

Legt man das eine Ende einer normalen Rolle Klopapier in die Flugzeugtoilette, rollt den Rest durch den Gang des Flugzeugs aus und drückt dann die Spülung, saugt die Toilette auf einen Rutsch die gesamte Rolle auf! Einfach mal ausprobieren!

Zum Abschluss aus gut unterrichteter Quelle noch eine weitere Geschichte, die ich nicht für möglich gehalten habe. Anscheinend versuchen Raucher auf Nichtraucherflügen den Rauchmelder auf dem Klo zu umgehen, in dem sie eine BUNTEGALA zusammenrollen, sie durch die Klappe durch ins Klo hineinstecken und dort hineinexhalieren. Ich hoffe, das schmeckt. Das ist dann wohl wirklich der Geschmack von Freiheit und Abenteuer. Und mit diesem Bild lasse ich Sie zurück, und wir wenden uns dem bis jetzt unerwähnten König der Lüfte zu, dem Boss, dem Gott mit den Streifen am Arm – und dem heimlichen Top Comedian an Bord: dem Piloten.

Kapitel 14

DER BOSS
(Der Pilot)

W er drückt die Hebel, wer steuert das fliegende Boot, wer bringt uns Hilfe in nachtschwarzer Not – der Pilot!« Dieses kleine Gedicht habe ich mal in der dritten Klasse zum Thema »Traumberufe« gedichtet und bewies schon damals meine tiefe Bewunderung für den wichtigsten Mann an Bord jedes Flugzeugs – eben den Boss, DEN Piloten. Piloten waren für mich als Kind die Verkörperung jedes Glamours im männlichen Berufsleben – noch mehr als Nachrichtensprecher im Fernsehen. Sie sahen gut aus, strahlten immer in ihren frisch gebügelten weißen Hemden und lächelten wie Filmstars – was vielleicht daran lag, dass die Piloten, die ich als Kind kannte, allesamt Filmstars waren. Denn besonders ein Film hatte es mir angetan – »Boeing Boeing«, in dem sich zwei schicke Piloten (Tony Curtis und Jerry Lewis) in Paris zeitweise ein Apartment teilen – und die dazugehörigen Stewardessen. Da ich ein Kind der siebziger Jahre bin, gehörte das schon von Anfang an zu meinem Bild von Piloten – sie konnten nicht treu sein und hatten mindestens ein Mädel in jedem Flughafen. Sie betonten das Wort »Hafen« in Flughafen – sie waren für mich moderne Matrosen, wild, frei und jenseits der gesellschaftlichen Norm.

Piloten waren männliche Ideale der Seventies, und jedes Aftershave, jede Sonnenbrille und jede Armbanduhr war nur für sie gemacht. Alles hieß so wie sie – sogar einen eigenen »Pilotenkoffer« gab es. Es wundert mich deshalb nicht, dass in der führenden deutschen Aftershavemarke meiner Jugend, PITRA-

LON, das Wort »PILOT« enthalten war. Der Rest des Wortes war RAN – später eine sehr männliche TV-Sportsendung und schon damals eine Aufforderung an alle echten und gefühlten Stewardessen der Welt. Als ich mein erstes Barthaar entdeckte, kaufte ich sofort einen Flakon der Marke »Ran, Pilot!« und dazu noch etwas »Brut« für die härteren Stunden des Lebens. Vor der »Pilotenbrille« schreckte ich jedoch immer zurück – bin aber nun jedes Mal froh, wenn ich sehe, wie Atze Schröder diesen ganzen Look heute noch stimmungsvoll aufträgt. Er muss wohl mal »Boeing Boeing« gesehen haben …

In diesem Film haben die beiden Kollegen ihr sehr ausgeglichenes Liebesleben mit gleich drei (Skandal!) Stewardessen streng nach dem Flugplan ausgerichtet. Es gerät humoristisch durcheinander, als Nebel über Paris aufzieht und sich so die Flugpläne und damit die horizontalen Einsatzmöglichkeiten der abhängigen Angestellten verschieben. Chaos bricht aus! Die Frauen, die alle Klischees der möglichen Sexualpraktiken abdecken (die Französin!) müssen temporeich in allen Möglichkeiten des Apartments versteckt werden. Noch heute denke ich, wenn ich auf Wetterkarten Nebel über Frankreich entdecke, an auf- und zuklappende Türen. Aber mit diesem Film war mein Bild klar: Piloten waren brustbehaarte Hengste der Lüfte, die nur zum Vorwand kurz zwischen zwei Martinis die Strecke London – Rio zurücklegen, um dort eine neue sexuelle Technik (die Brasilianerin!) zu genießen. Ein Projekt à la »Beate Uhse trifft Stiftung Warentest«. Der Geist der Sechziger im Look der Siebziger. Burt Reynolds mit Pilotenbrille.

Auch mein erster Kinofilm, der im Flugzeug spielte, stärkte dieses Bild – allerdings schon mit emanzipatorischem Beigeschmack: Es war natürlich der Katastrophenfilm »Airport 75«, der mich heute noch begeistert und zu Recht zu den Persiflagen von Leslie Nielsen in der »Airplane«-Serie geführt hat. Auch hier scheint der Pilot Efrem Zimbalist Jr. (und der Copilot Roy Thinnes) erst einmal wieder der unbestrittene Herrscher der Lüfte zu sein. Und auch die Art wie meine Lieblingsstewardess aller Zeiten, Karen Black, im Cockpit den Kaffee serviert (apropos Testosteron – they don't call it a cock pit for nothing …), lässt darauf schließen, dass Karen in der Tradition des alten Stewardessenspruchs »Coffee, Tea or Me?« nicht abgeneigt wäre, ihre Zeit in den Schränken Pariser Apartments zu verbringen. Aber dann passiert das Unglück: Nervige alte Filmstars über dem Zenith ihrer Karriere steigen ein (Gloria Swanson) sowie Nonnen (Linda Blair), und ein kleines Flugzeug rammt das große, die Chefs fallen aus, und Karen – und das ist natürlich der emanzipatorische Ansatz des Jahres 1975 – muss das Flugzeug, zwar noch von einem echten Mann im Tower geführt (Charlton Heston), aber grundsätzlich allein, dank einer feministischen Kinoheldentat, landen, so wie später Sigourney Weaver ganz alleine (ohne Tower, es sind die Achtziger) das Drecks-Alien aus dem Raumschiff kriegen muss.

Mit dieser Szene entwickelt sich die Stewardess zur Flugbegleiterin, vom Glamour Girl zur ernstzunehmenden Pilotenpartnerin, was mir die Gelegenheit gibt, kurz und tabellarisch die Unterschiede zwischen Stewardess und Flugbegleiterin aufzuzeichnen:

Stewardess	Flugbegleiterin
Hätte auch Model werden können	Hätte auch Pilot werden können
Heiratet den Mann aus Reihe 1	Datet den Kollegen, der in Reihe 1 bedient

Kann auf Japanisch »Ich komme« sagen	Kann auf Japanisch »Kollege kommt gleich!« sagen
Sieht aus wie Grace Kelly	Sieht aus wie Stefanie von Monaco
Riecht nach »Je t´adore«	Riecht nach Nivea
Wurde von ihren Eltern wegen des Berufs verstoßen	Wurde von den Eltern wegen des Berufs gelobt – Freiflüge nach Malle!
Zieht sich mit 35 aus dem Job zurück (Reihe 1)	Fliegt, bis sie umfällt
Schimpfwort: Flugnutte	Schimpfwort: Saftschubse
Hat gelebt!	Lebt noch.

Diese Liste passt natürlich genauso gut auf männliche Stewardessen und Flugbegleiter.

Wie man bereits ahnen kann, war ich also sehr gespannt, endlich meinen ersten echten Piloten zu sehen. Bei meinem ersten Flug mit 14 war ich schon mitten in der Pubertät, und die Vorstellung, eine tiefe Stimme über einem kräftigen Brustkorb sagen zu hören: »Wo kann ich dich denn hinfliegen, junger Mann?« war mir nicht unrecht. Unwahr ist, dass ich meine Mutter gebeten habe, mit mir statt nach Gran Canaria nach Paris zu fliegen …

Ich werde ihn nie vergessen. Ich erwischte einen ersten Blick auf ihn, wie er mit seinem Copiloten durch den Gate-Bereich huschte, um das Flugzeug vor uns zu besteigen. Ich sah ihn noch einmal, als wir einstiegen und er im Cockpit rollengemäß an der Decke Knöpfe drehte. Ich möchte ihn mal, um mit Loriot zu sprechen, Dr. Klöbner nennen. Oder auch M.D. – mittlerer Dienst. Oder Finanzamt Süd, Stelle 2, Mahnverfahren. Sein Bauch schob sich über den zu engen Gürtel, wie es nur bei Männern im mittleren Alter der Fall ist, die ihre Hose nicht auf der Hüfte halten, sondern den Bauch von unten stützen wollen. Sein Haupthaar war schütteres Blond und sein Brusthaar, Gott sei Dank, nicht zu sehen. Er trug einen Rolli! Er war sicher eine vertrauenswürdige Fachkraft der Luftpersonenbeförderung – aber er war nicht Tony Curtis! Nur eines hatte er erstaunlicherweise mit meinen Film-Pilothelden gemeinsam – die Stimme!

Ich frage mich oft, ob Piloten gemeinsame Seminare für Stimmtraining machen. Aber dann würden sie ja deutlich sprechen. Oder ob sie bei der Bewerbung etwas vorlesen müssen, vielleicht Werbeslogans für Zigaretten oder Whisky, damit man herausfindet, ob sie dieses tiefe, sonore, typische Piloten-Timbre haben. Vielleicht wird das auch auf Musikhochschulen beigebracht – Saal 1: Koloratursopran, Saal 2: Piloten-Timbre. Oder es liegt an den Lautsprechern im Flugzeug, die aus jedem gesprochenen Satz aus dem Cockpit eine sonore Versprechung machen. Auf jeden Fall hat mich der Klang des Piloten-Timbres damals so fasziniert wie heute – und ich kann damit nicht allein sein, denn sonst kämen die Jungs nicht unbeschimpft durch diese dauernd von grammatikalisch völlig falschem und von unrhythmischem Klickern unterbrochenen Ansagesätze! Das kann nur am Klang liegen! Schauen wir uns doch einmal das Timing eines durchschnittlichen Pilotensatzes bei der ersten Ansage an:

»Guten Tag meine ___ Damen und ____ Herren. Ich begrüße Sie an Bord unseres ____ Fluges ____ LH979 auf dem Weg von _____ Berlin nach _____ München. Unsere _____ heutige

_____ Reiseflughöhe beträgt _____ 31 000 Fuß und wir fliegen mit _____ einer Reisegeschwindigkeit _____ von _____ 800 Stundenkilometern.«

Selbst WENN der Pilot überlegen MÜSSTE, WOHIN er gerade fliegt (was auch nicht schön wäre) oder wie hoch oder wie schnell er uns befördern möchte, es wäre doch durchaus möglich zu wissen, dass heute ___ Damen und auch ____ Herren an Bord sind! Oder überlegt er noch, was für Damen und was für Herren? Würde er gerne sagen »Guten Tag, meine doofen Damen und meine blöden Herren!« und verkneift sich das immer noch in letzter Minute? Leiden alle vielleicht an Autismus und halten sich nur mühsam im Zaum? Fliegt »Rain Man« das Flugzeug?

Nein, ich glaube, es ist etwas ganz anderes. Es ist Kunst, eine Art Rap, ein Gedicht, in dem der Pilot durch seinen eigenen Rhythmus und seine eigenen willkürlich gesetzten Pausen zwei Dinge mitteilen möchte: A) Was ich sage, ist völlig sinnfrei und B) Ihr wollt doch eh nur meine Stimme! Es ist eine Art »Ernst Jandl trifft Roger Whittaker«- Performance, mit der der kreative sensible Cockpit-Rapper (MC Air) uns unterhalten und gleichzeitig warnen will. Er will sagen: Nichts ist im Flugzeug so, wie es scheint. Nicht einmal die Reiseflughöhe. Es ist alles Illusion. Es bleibt alles mysteriös.

Apropos – wer interessiert sich eigentlich für die Reiseflughöhe? Ist in der Geschichte der Luftfahrt schon je ein Passagier aufgesprungen und hat geschrien: »Das ist mir zu niedrig! Fliegen Sie höher, oder ich verlasse das Flugzeug! Auf der Höhe kommen wir ja nie ans Ziel!« Ich glaube nicht.

Dass Piloten heimlich absurde Künstler und viele von ihnen echte Comedians sind, beweisen die fröhlichen Ansagen, die überliefert sind, besonders die Kommunikation mit dem Tower – der Sidekick in der Entertainment-Pilot-Show. Hier erst einmal ein paar Gags direkt aus dem Cockpit zum Publikum:

»Meine Damen und Herren, willkommen bei der Airline-Happy-Hour: zwei Landungen zum Preis von einer.« (Pilot nach einer Notlandung)

»Wir freuen uns, einige der besten Flugbegleiter der Branche in unseren Diensten zu haben. Zu unserem größten Bedauern ist niemand von ihnen auf diesem Flug.«

»Und noch ein Hinweis in eigener Sache: Falls Sie unbedingt die A7 in nördlicher Richtung benutzen müssen, fahren Sie bitte äußerst rechts und überholen Sie nicht; ich habe nämlich jetzt Feierabend und will auf der linken Spur schnell nach Hause.«

»Während der Nacht dimmen wir die Kabinenbeleuchtung. Wenn Sie den gelben Knopf über sich drücken, machen Sie Ihr Leselicht an. Wenn Sie den ›Bitte kommen‹-Knopf drücken, machen Sie damit Ihren Flugbegleiter nicht an.«

»Liebe Fluggäste, wie Sie sehen, ist unser Flug nach Berlin heute Abend nicht besonders voll. Wir bitten Sie, einen Fensterplatz einzunehmen, damit die Konkurrenz denkt, wir wären ausgebucht.«

Auf einem Flug von Zürich nach München geht das Flugzeug etwa eine Minute nach dem Start für zehn Sekunden in eine extrem scharfe Linkskurve und einen sehr starken Sinkflug, die Passagiere schreien, dann die Ansage des Chefs: »Sehr geehrte Passagiere, willkommen auf unserem Flug nach München. Sofern uns nicht wieder ein anderes Flugzeug in die Quere kommt, wird die Flugzeit heute 30 Minuten betragen.«

Auch viel Humor beweist Prinz Pilot in der Kommunikation mit dem wartenden Technik-Personal – hier entwickelt er sich sogar vom sprechenden Live Perfomer zum Lieferanten von schriftlichen Aperçus und kurzen Bonmots für die Ewigkeit, denn er protokolliert nach jedem Flug Auffälligkeiten, und der bearbeitende Techniker füllt in das gleiche Formular seine Abschlussbemerkung zum Vorgang. Auch der Wartungstechniker – oft ein verkappter Comedian. Die folgenden legendären Beispiele stammen von der australischen Fluglinie Qantas:

TOP TEN DER QANTAS-KOMMUNIKATION

(P = Pilot, T = Techniker):

Platz 10:

P: Bereifung innen links muss fast erneuert werden.

T: Bereifung innen links fast erneuert.

Platz 9:

P: Testflug o.k., Landung mit Autopilot sehr hart.

T: Landung mit Autopilot bei diesem Flugzeugtyp nicht installiert.

Platz 8:

P: Im Cockpit ist irgendetwas locker.

T: Wir haben im Cockpit irgendetwas wieder festgemacht.

Platz 7:

P: Hinweis auf undichte Stelle an der rechten Seite.

T: Hinweis entfernt.

Platz 6:

P: Zielradar summt.

T: Zielradar neu programmiert, sodass es jetzt in Worten spricht.

Platz 5:

P: DME ist unglaublich laut.

T: DME auf glaubwürdigere Lautstärke eingestellt.

Platz 4:

P: Vermute Sprung in der Scheibe.

T: Vermute, Sie haben recht.

Platz 3:

P: IFF funktioniert nicht.

T: IFF funktioniert nie, wenn es ausgeschaltet ist.

Platz 2:

P: Flugzeug fliegt komisch.

T: Flugzeug ermahnt, ernst zu sein und anständig zu fliegen.

Platz 1:

P: Maus im Cockpit.

T: Katze installiert.

Wenn Piloten da vorne so viel Zeit für Kunst und Unsinn haben, kann uns das nur beruhigen, denn dann steht ja nichts Ernstes an. Und ihre beruhigende Stimme mit Piloten-Timbre lullt uns ja ein und erfreut uns über all den Unsinn hinweg, der vermittelt wird. Außer – es meldet sich eine Frau aus dem Cockpit! Wir schreiben das Jahr 2010, aber immer noch kann man das Chauvinismus-Messgerät deutlich ausschlagen hören, wenn sich eine PilotIN aus dem Cockpit meldet. (Brauchte man dann nicht einen neuen Begriff? Hen Pit?) Besonders bei den Senatoren (wer hätte es gedacht) runzelt sich die eine oder andere Herrenstirn nach dem Motto: »Da fliegt uns etwa eine Frau? Na hoffentlich wird das was …« Der Beruf Pilot war so lange eine Männerdomäne, dass es mich nicht wundern würde, wenn die erste Pilotin der Lufthansa ein umoperierter Mann war – vielleicht weil die Senatoren sonst nicht mitgeflogen wären, oder eben wegen der Stimme! Denn das ist meine Theorie zum Stirnerunzeln in der Business Class: Es geht gar nicht um Frau oder Mann im Cockpit, es geht um die Stimme! Auch eine Frauenstimme müsste sich wahrscheinlich genauso tief absenken und diesen absurden lückenreichen Sprachduktus führen, um in der Kabine ernst genommen zu werden. Es müssen Sprachcoachs für Pilotinnen engagiert werden – am besten Amanda Lear! Dann dämmert hinten sicher alles ruhig weiter bei dem Satz »Und nun _____ genießen _____ Sie _____ den Flug mit _____ uns!«

Seitdem ich als Kind von Pilot Dr. Klöbner enttäuscht worden bin, habe ich lange Zeit gar keinen Blick mehr auf meine ehemaligen männlichen Pin-ups der Lüfte geworfen, bis mir irgendwann auffiel, dass das auch gar nicht mehr geht. Seit einiger Zeit habe ich das Gefühl, die Piloten wollen gar nicht mehr, dass man sie sieht! Sie verstecken sich vor uns. Vielleicht betrauern sie ja selber etwas den Status- und auch den Optik-Verfall seit den Siebzigern, vielleicht möchten sie auch einfach ganz trotzig keine Flugbegleiterinnen sehen, sondern höchstens Stewardessen – auf jeden Fall sind sie inzwischen sehr scheue Rehe geworden auf der Lichtung des Luftraumes. Auf dem

Boden eilen sie immer mit filmstarhafter Paparazzi-Eile durch die Hallen (»Bitte keine Fragen!«), und falls man mal ein Flugzeug als erster Passagier betritt, schnappt oft noch schnell und hektisch die Tür zum Führerhäuschen zu. Vielleicht liegt es auch am Terrorismus, denn natürlich möchte man auch nicht schuld sein, wenn der erste Gast an Bord zufällig ein islamistischer Fundamentalist ist und der einfach gleich links abbiegt. Doch ich habe das Gefühl, auch die klassischen Besuche von Kindern im Cockpit werden seltener – aber vielleicht liegt das auch wieder am Terrorismus – es könnte ja auch fundamentalistische verkleidete Liliputaner geben. Auf jeden Fall ist die Tür da vorne zu – und meine Fantasie wird dadurch noch stärker angeregt.

Wie dekorieren Piloten das Cockpit? Dürfen sie auch wie Busfahrer irgendwo einen Glücksbringer oder ein Duftbäumchen aufhängen? Gerade Duftbäumchen wären doch sinnvoll – bei den vielen Erdnüssen an Bord … Stehen Fotos von Kindern und Familie auf der Konsole? Oder Fotos von ehemaligen Stewardessen? Hängen Kalender an der Wand, damit die Pause vor dem Datum bei der Ansage nicht noch länger wird? Was für Kalender? Pferde? Autos? Karen Black?

Gibt es in der Lehne des Pilotensessels Einbuchtungen für Getränke? Trinken die dasselbe Zeug wie wir? Oder dürfen die eine Thermoskanne guten Kaffee von zu Hause mitbringen? Etwa über 100 Milliliter?

Gibt es einen Fernseher mit echtem zeitgleichem Fernsehen? Wireless Lan? Videospiele? Spielen Piloten das Pilotenspiel? Kann man die vielen bunten Leuchtdioden in anderen Farben haben, wenn sie einem nicht gefallen? Oder in Mustern leuchten lasen, in Schriften, so was wie »THE BOSS IS IN«?

Kann man eine Trennwand zum Copiloten hochfahren lassen, wenn man den nicht mag? Hat man eine Klingel für die

Flugbegleiter? Wie ist der Klingelton? »Danke für diesen guten Morgen«?

Gibt es ein Gaspedal?

Gibt es einen eingebauten Schminkspiegel?

Gibt es eine Cockpit-Luxusausstattung mit Ledersitzen, Hirschknöpfen und Safari-Khaki-Bezügen?

Gibt es einen Kühlschrank?

Gibt es einen Massagesitz?

Gibt es ein Klappbett? Denn wo schläft man, wenn der Automat fliegt?

Und hier schleicht sich gerade eine der unangenehmsten Wahrheiten des ganzen Buches leise in den Text. Liebe Leserin, lieber Leser, hier kommt's: OFT FLIEGT NUR DER BORD-COMPUTER DAS FLUGZEUG. EIN AUTOMAT. Puh, jetzt ist es raus. Und weiter:

Vielleicht ist es ja das, was den König der Lüfte, den Hengst des Himmels so frustriert und ihn sich oft verstecken lässt, etwas rund um die Hüften und voll von Nostalgie für die Zeiten, als Stewardessen noch aussahen wie Bond-Girls und man nicht eine Extraschicht fliegen musste, um die Yoga-Stunden der Exfrau zu bezahlen: das Gefühl, mehr und mehr durch eine Maschine ersetzt zu werden. Wie bei den Kollegen am Check-in – irgendwann gibt es den voll automatisierten Flug, bei dem der Computer startet, landet und sich per Objekterkennung nie in die Nähe eines anderen fliegenden Objekts begeben würde und so – langsamer zwar, aber sicherer – sich genauso ruhig durch die Luft bewegt wie die dann ebenfalls computergesteuerten Autos auf den Straßen am Boden. Dann hat der Mann im Tower gewonnen, denn der wird bleiben. Und bis dahin bleibt dem Piloten von heute nur der Spaß der abstrakt-gerappten Ansage – und eben der Humor gegenüber dem Techniker. Oder folgender klassischer Pilotenwitz:

Eine Blondine sitzt im Flugzeug nach Melbourne in der ersten Klasse, obwohl sie nur zweite Klasse bezahlt hat. Kommt die Stewardess und bittet sie, in die zweite Klasse zurückzugehen, da sie ja für die erste nicht gezahlt hat. Antwortet die Blondine: »Ich bin blond, 1,80 Meter groß, und ich fliege nach Melbourne.« Trotzig bleibt sie sitzen. Die Stewardess geht also zum Piloten und dessen Copiloten und erzählt die Geschichte. Genervt steht der Copilot auf und geht zur Blondine und bittet sie höflichst, sich doch in die zweite Klasse zu begeben, denn sie habe ja nicht für die erste gezahlt. Daraufhin sagt die Blondine wieder: »Ich bin blond, 1,80 Meter groß, und ich fliege nach Melbourne.« Wieder bleibt sie sitzen. Als der Copilot zurückkommt und dem Piloten und der Stewardess davon berichtet, sagt der Pilot: »Lassen Sie mich das mal machen. Ich spreche blond …« Der Pilot geht zur Blondine und flüstert ihr etwas ins Ohr. Daraufhin sieht die Blondine ihn entsetzt an, steht auf und sagt: »Entschuldigung, das wusste ich nicht.« Tatsächlich läuft die Blondine in die zweite Klasse und nimmt dort Platz. Stewardess und Copilot schauen den Piloten ganz verblüfft an und fragen ihn schließlich, wie er das denn nun geschafft habe. Da sagt der Pilot: »Ich habe ihr gesagt, dass die erste Klasse heute nicht nach Melbourne fliegt.«

Kapitel 15

DAS TOMATENSAFT MYSTERIUM
(Essen und Trinken)

Es ist nun Zeit, über eines meiner Lieblingsthemen an Bord eines Flugzeugs zu meditieren: Essen und Trinken! Vielleicht liegt es an der vielen Zeit, die man bei einem Flug auf ein Tablett starrt, vielleicht an den immer wilder werdenden neuen Ideen der modernen Flugküche oder vielleicht – wie im Fall Tomatensaft – an dem schier Unverständlichen, Irrationalen, dem Mysteriösen an und für sich.

Lassen Sie mich das Thema von verschiedenen Seiten angehen:

Wie viel Müll passt auf einen Ausklapptisch?

Wraps und Currywürste haben nichts in einem Flugzeug zu suchen.

Tomatensaft – warum?

Beginnen wir mit dem Tomatensaft: Jeder zweite Mensch in einem Flugzeug ordert Tomatensaft. Ich habe es anhand einer eigenen Statistik mitgezählt. Es wird in Flugzeugen so viel Tomatensaft getrunken, dass es bei einem Flug München – Berlin, in dem ich saß, zu folgender Arlecchino-Ansage kam:

»Meine sehr verehrten Damen und Herren, wir haben einen Notfall: An Bord dieser Maschine gibt es heute keinen Tomatensaft. Bitte geraten Sie nicht in Panik! Wir prüfen gerade, ob wir unter diesen Umständen überhaupt starten können.«

Das Erstaunliche ist, dass Menschen, die sonst NIE Tomatensaft trinken würden, Tomatensaft bestellen. Auf Mallorca-

Billigflügen ordern Menschen Tomatensaft, DIE ZUM ERS-
TEN MAL IN IHREM LEBEN TOMATENSAFT SEHEN! Da
bin ich mir ganz sicher, denn ich kenne den »klassischen«
Tomatensaft-Typen. Es gibt derer zwei: Der »klassische« To-
matensaft-Typ A ist die Sekretärin auf Diät, die als Ersatz für
ihren Lunch einen Tomatensaft trinkt, weil der »so gesund ist
und keine Kalorien hat«. Selbst dieser Typ A bevorzugt jedoch
im Fall einer Wahlmöglichkeit einen Gemüsesaft mit mehreren verschiedenen Gemüsesorten, »weil da so viele echt gute
Sachen drin sind wie Kalium, Magnesium und rechtsdrehen-
de Fruchtsäuren« (neuerdings natürlich auch Aloe Vera und
alles, was man sich früher nur ins Gesicht geschmiert hat – ich
warte ja noch auf den Vegetable Drink von NIVEA …). Typ B
ist der klassische Alkoholiker am Morgen danach, im Stil von
Ernest Hemingway oder allen russischen Präsidenten, der den
Tomatensaft als »das Rote in der Bloody Mary« kennt. Typ B
sind die Vitamine und die Diätmöglichkeit grundsätzlich egal
– ihm geht es aber dennoch um die Illusion von Gesundheit
in einem Drink, der weiterhin aus hochprozentigem Wodka
besteht.

Die Menschen, die nun aber im Flugzeug Tomatensaft bestellen, sind meistens weder Sekretärinnen noch russische Präsidenten – sondern alle anderen! Und mit welchem Ernst sie
den Tomatensaft wählen! Man merkt am Tonfall – sie sind es
nicht gewohnt, schon das Wort auszusprechen. Sie könnten
auch Kumquatsaft sagen, so exotisch rollt die Bestellung des
»roten Goldes«, wie ich ihn nenne, über ihre Lippen. Und wie
verschmäht und erniedrigt der gute alte Apfelsaft daneben
stehen bleibt. Er scheint fast zu rufen: »Nimm doch mich, ich
bin ein klassisches Erfrischungsgetränk in luftarmen Räumen,
man kennt und liebt mich auch als Schorle!« – aber es nützt
nichts. Reihe um Reihe wird der Tomatensaft vorgezogen,

bis am Schluss der Ertrag von drei Treibhäusern verbraucht ist, während der Apfelsaft ungeliebt in das Exil der Kühlung zurückwandert. Ich habe natürlich – sonst würde ich dieses Buch nicht so genannt haben – drei elaborierte Theorien zum Tomatensaft Mysterium. Wer sich jetzt nicht für elaborierte Theorien zum Thema Tomatensaft interessiert, kann gerne den nächsten Abschnitt überspringen und sich sagen, der Hermanns hat jetzt wirklich zu lange auf einem Mittelplatz gesessen, das ist ihm wohl nicht bekommen. Kein Problem. Wer mit in die Diskussion einsteigen will: Willkommen im Club der Bekloppten!

THEORIE A: LUXUS

Der Tomatensaft verkörpert für viele Reisende etwas Luxuriöses. Gerade WEIL sie ihn zu Hause nie kaufen würden, ist er für sie ein exotisches Genussmittel, ähnlich einer Zigarre oder einer Flasche Dom Pérignon. In dem Moment, in dem sie ihn bestellen, umweht sie etwas von einer großen klassischen Reise. Sie könnten an der Bar der »Titanic« sitzen oder im Restaurant der »Hindenburg«, logischerweise am Anfang, nicht am Ende der jeweiligen Reise. Sie könnten im Orientexpress aus dem Fenster in die endlose Steppe blicken und dem weiß livrierten Ober den funkelnden roten Saft vom silbernen Tablett nehmen, während die Sonne untergeht. Und hier sind die Flugbegleiterinnen und Flugbegleiter so perfekt – denn sie spielen diesen Teil der Fantasie durchaus mit: Mit der einfachen Frage »SALZ ODER PFEFFER DAZU?« eröffnet sich einem die gesamte Atmosphäre einer internationalen Bar, die dem schnöden Apfelsaft oder schlimmer noch, einer Cola, natürlich nie zustünde. Nun sitzen wir wirklich unter Antilopengeweihen in Kapstadt oder unter Palmenwedeln im Trader Vics von Singapur. »Salz oder Pfeffer dazu?« – diese

Frage macht aus jedem braven Pauschaltouristen einen Mann von Welt, aus jeder fröhlichen Ibiza-Biene eine Lady in weißem Leinen an der Seite von Humphrey Bogart oder Clark Gable. Und die Art, wie die Flugbegleiterinnen und Flugbegleiter diesen Satz aussprechen, ist sehr verschieden – denn auch sie nehmen unterschiedliche Rollen ein. Die einen (heterosexuell, männlich) werden zum Chefbarmann in Rick's Café in »Casablanca«, die anderen (homosexuell, männlich) zu einer sündigen Eingeborenen samt gedachtem Hula-Röckchen (Typ Ava Gardner, später am Abend), mit der sich noch so einiges erleben ließe. Nur die dritte Betonung, harsch und streng (Ann-Kathrin) klingt eher nach deutscher Lehrerin und erinnert von ferne an Kellnerinnen in der DDR, obwohl die ja weder Salz noch Pfeffer hatten. Nach meiner Theorie A verwandelt sich das schlichte Reisen durch das einfache Bestellen von »Mr. T« in den meisten Fällen in ein Reise-Erlebnis, die Realität in einen Traum. Und für einen kleinen Moment, in dem man Salz und Pfeffer aus den abgepackten Tütchen in den rot gefüllten Plastikbecher streut, fühlt man sich als Reisender geschätzt, geliebt und beruhigt.

THEORIE B: DIE FARBENTHEORIE

Rot ist eine Signalfarbe. Rot bedeutet im normalen Leben STOPP oder billiger Sex oder beides. Rot ist stark, die Farbe der Liebe und die Farbe des Stierkampfes (natürlich auch die Farbe des Blutes, wie Kollege Eckart von Hirschhausen ausführt und daraus seine ganz eigene, leicht morbide, aber sehr interessante Flugzeug-Tomatensaft-Theorie entwickelt hat …). Auf jeden Fall dominiert Rot viele andere Farben, und nie tut sie das so deutlich, wie in dem Augenblick, in dem wir alle ausgehungert und uns nach Liebe sehnend in einem Flugzeug sitzen und sich der kleine magische Wagen mit den Getränken, der Trolley zur Dolly, langsam, sehr langsam, viel zu langsam durch den Gang in unsere Richtung schiebt. Nicht umsonst steht da der Tomatensaft mit dem leuchtenden Rot GANZ AM ECK IN FAHRTRICHTUNG und beamt seine beruhigenden Strahlen in unsere hungrige Richtung. »Ich komme!«, sagt das Rot. »Ich bin gleich bei dir und werde dich beruhigen und befriedigen!« »Siehst du, du kannst mich schon sehen – es kann sich nur noch um Minuten handeln!« Wie der Leuchtturm des Getränkeservice steht die Packung mit der roten Tomate am Bug des Nahrungsschiffes und sendet besänftigende Signale durch den Raum. Und wenn der Wagen endlich da ist, ordern wir ganz automatisch das, was uns von der Kraft der Farbe her die ganze Zeit schon angeleuchtet hat. Es könnte auch Ketchup sein, Rote-Beete-Saft, ein offener Rotwein oder der Saft einer rostigen Radkappe – wir würden es bestellen! Rot ist Power, Rot ist Energie, der Tomatensaft wird so zum funkelnden Rubin des schlichten Getränkeangebotes. Auf manchen konkurrierenden Apfelsaftpackungen leuchtet inzwischen auch der gemalte Apfel ganz in Rot – er will aufholen!

THEORIE C: HUNGER

Gemüsesaft macht satter als Fruchtsaft. Und obwohl wir schon die ganzen kleinen Leckereien des Fluges genossen haben: Nüsse, Mandeln, genau abgezählt, und das Restsalz noch aus dem Tütchen geleckt, ist es doch schon lange her, dass wir im Coffee-Shop im Flughafengebäude das Sandwich verzehrt haben und anscheinend auch noch lange hin, bis endlich das Bordessen oder der Bord-»Snack« (das Unwort des modernen Fliegens, dazu später mehr) endlich kommen. In dieser Situation regrediert der ganz normale erwachsene Reisende zum dreijährigen Kind. »Manno, ich habe Hunger!« steht in seinen aufgerissenen Augen zu lesen, die immer wieder verzweifelt den

Mittelgang nach der lieben Mutti mit dem Trolley absuchen. Eigentlich müsste in diesem Fall über dem Sitz der klassische Muttersatz auf langen Urlaubsautofahrten aufblinken: »Es gibt gleich was«, dann könnten wir wenigstens alle kollektiv aufjaulen: »Aber ich will JETZT was!« Als Friedensangebot könnte daraufhin eine einzelne Banane aus dem Sauerstoffmaskenbehälter in der Decke des Flugzeuges fallen, und es wäre gut so (das ist ein ernst gemeinter Vorschlag von mir). Und es würde viel weniger Tomatensaft getrunken werden. Da aber häufig Flugreisende schlechter behandelt werden als dreijährige Kinder im Auto auf dem Weg zur Adria, kommt die Trolley-Mami eben noch nicht, und der Hunger wird immer größer. Und dann hat man die Wahl: ein nicht sattmachendes Wasser, eine nur durch Zucker sattmachende Cola, einen sättigenden Vollrausch mit Rotwein – oder eben doch lieber Tomatensaft als DIE KLEINE MAHLZEIT ZWISCHENDURCH! Natürlich macht Tomatensaft nicht satt, aber er macht sattER, und so wird er bewusst eingesetzt, um Reisende im dem »Nach Nuss, aber vor Essen«-Zustand ruhigzuhalten und Aufstände zu verhindern. Obwohl die ja auch jederzeit später einsetzen könnten – eben WEGEN dem Essen …

Dass das Essen in Flugzeugen meistens schlecht ist, ist nicht schlimm. Im Gegenteil – es ist ja sogar logisch, dass aus den kleinen Bordküchen am Anfang und Ende des Flugzeuges nicht leckeres frisch gekochtes Essen für über 100 Personen mühelos herausströmen kann. Das geht ja schon rein vom Platz her nicht, und das erwartet auch niemand. Trotzdem ist Flugzeugessen meistens ärgerlich, auch wenn es von Spitzenköchen designt und von freundlichen Servicekräften angeboten wurde. Und das hat für mich zwei Hauptgründe:

1.DIE SCHEINWAHL

Es ist so ein bisschen wie im Sozialismus. Ein Teil des Verdrusses rührt psychologisch nicht von der Qualität des Angebots her, sondern entsteht durch die SCHEINBARE Wahlmöglichkeit. Dadurch, dass das Gehirn sich entscheiden muss, wird Geistesenergie verbraucht (Wie bin ich heute drauf? Was esse ich grundsätzlich lieber? Was habe ich länger nicht mehr gegessen?), und dieser Verbrauch muss sich nachher LOHNEN. Das heißt, wenn ich mir schon Gedanken gemacht habe, muss das Essen danach besser schmecken, als wenn ich gar keine Wahl gehabt hätte. Und das ist eben meistens nicht so: Beide Möglichkeiten schmecken exakt gleich schlecht. Und dann ist man als Mensch instinktiv darüber verärgert, dass man sich für die Beantwortung der klassischen Frage »Beef or Chicken?« überhaupt angestrengt hat. Hier übrigens ein paar Antwortmöglichkeiten auf diese traditionsreiche Frage:

WAS KANN ICH AUF DIE FRAGE »BEEF ODER CHICKEN?« ANTWORTEN:

1. Wie reden Sie denn mit mir?
2. Das Rind sitzt neben mir, ich nehme deshalb das Huhn.
3. Da nehme ich den Publikumsjoker.
4. Ich schwöre Ihnen, Frau Lehrerin, gestern wusste ich es noch.
5. Das ist hier die Frage.
6. Ich nehme, was Sie nehmen.
7. Haben Sie im Frachtraum nicht noch Hund?
8. Ich weiß nicht, ich bin nicht von hier.
9. Ich bin Sadist, ich nehme das, was mehr gelitten hat.
10. Das ist mir jetzt zu persönlich.

Diese Wahlillusion wird von der Linie Air Berlin auf den Gipfel getrieben, die in ihren Flugzeugen innerdeutsch »wahlweise einen süßen oder salzigen Snack« anpreist. Wenn Sie sich jetzt den Kopf zerbrechen, ob Sie nun gerade das Stück Sachertorte oder doch das Gurkensandwich mit Cheddar-Käse bevorzugen, können Sie jetzt aufhören zu denken – es handelt sich bei dieser Scheinwahl um die Entscheidung zwischen zum Beispiel einem Butterkeks oder sogenannten Fischlis, Mini-Salzgebäck in Form von Fischen. Gesamter Einkaufspreis 20 Cent pro Portion. Ich muss Ihnen ehrlich sagen, darüber möchte ich nicht nachdenken. Dafür habe ich nicht studiert. Von mir aus können sie mir beides auf den Klapptisch legen oder eben nicht. Das ist mir wurscht. Denn eigentlich ist das ja nur das Äquivalent zu den Nüssen, die man bei vielen Fluglinien sowieso OHNE WAHL bekommt. Aber der Kunde denkt in dem Moment, er kann mitbestimmen. Und ist dann frustriert. Wie gesagt, Honecker wäre stolz.

Apropos Air Berlin – sonst eine prima Airline, mit der ich gerne fliege, aber: Die Currywurst muss aus dem Angebot raus – auch wenn sie von der legendären Sylter SANSIBAR stammt! Die SANSIBAR macht tolle Sachen, sonst ein sehr gutes Lokal, aber ich möchte im Flugzeug nicht im Dunst von erhitzten Currywürsten sitzen und nach dem Ausstieg wie ein Berliner Taxifahrer nach der Mittagspause riechen. Das ist genauso scheußlich wie vor ein paar Jahren der Versuch, McDonald's in den deutschen Zügen zu etablieren. Auch da stank man nach einer Fahrt wie Ibrahim nach einer Schicht am Chicken-Mc-Nuggets-Röster. Und dabei liebe ich Currywurst, ehrlich. Nur nicht als Eau de Toilette …

Und nur ein kurzer Satz zur Snack-Konkurrenz Lufthansa: Ein »Wrap« ist kein Nahrungsmittel. Ein »Wrap« ist gar nichts. Das »umhüllende« Teig-Ding zerfällt in der Hand, das Dressing tropft, und die zwei einsamen Stückchen Huhn darin sind unglücklich, denn es fehlt ein drittes Stück Huhn zum Skat. Bitte wieder abschaffen! Unwrap the Wrap!

2. DER MÜLL

Was beim Flugzeugessen auch immer nervt, ist die Masse von Müll, die produziert wird. Es sind sicherlich Hygienebestimmungen – aber warum muss jedes kleine Törtchen dreimal verpackt und versiegelt werden, als wäre es die Reichsschatulle der Klingonen? Und auch hier gibt es neben dem ökologischen einen negativen psychologischen Effekt: Wie meine Tante sagen würde: außen hui, innen pfui. Denn selbst wenn ich ein Fan von Verpackungsdesign bin und Christo für mich ein wichtigerer Künstler ist als Rembrandt, entsteht durch die Verpackung doch eine gewisse Erwartungshaltung, die meistens nicht befriedigt wird. Das heißt in der Praxis: Ich weiß, es ist Piccata Milanese, die vielen Dosen und Schächtelchen versprechen mir auch noch viele Dinge zusätzlich zur Piccata Milanese (ich darf das Dressing selber auf den Salat tun, supi!), und dann öffne ich den Deckel – und es sieht aus wie erbrochen. Oder subtiler ausgedrückt: Ich weiß, es ist Huhn auf indische Art, ich freue mich auch schon auf den vakuumverpackten Schokoladenpudding – sicher ein Erfolg aus der Weltraumforschung –, und ich öffne den Plastikdeckel, und es sieht aus wie erbrochen. Das Einzige, was noch gemeiner wäre, wäre AUF den DECKELN die Bilder der Essen ABZUBILDEN, wie der Foodstylist sie geschaffen hat – und dann den Deckel zu heben. Das wäre fast so gemein, wie bei einem Vorher/Nachher-Diät-Foto auf einer Lonely-Hearts-Seite im Internet das »Vorher« daten zu müssen.

Aber sehen wir es doch mal positiv: Ich WUSSTE ja vorher gar nicht, wie verkümmert ein leicht verkohlter grüner Spargel aussehen kann. Oder dass Kartoffelpüree die Optik einer Unterleibskrankheit im dritten Stadium annehmen kann. Oder wie man aus einem Stück Schweinefleisch eine Installation von Otto Muehl arrangiert. Und insofern lernen wir in der Küche der Lüfte eines: Respekt vor Restaurants und Muttis, die nicht fliegen müssen! Wie schön Essen sein kann! Oder, um wieder einen Tipp anzubringen, wie lecker selbst gemachte Brote schmecken können, wenn man sie – sogar auf einem Langstreckenflug – mit an Bord nimmt. Und man kann diese auch noch attraktiven Mitreisenden und/oder dem Flugpersonal anbieten: »Hier bitte, einen süßen UND einen salzigen SELBST GEMACHTEN Snack!«

Alkohol ist natürlich auch ein großes Thema an Bord. Und hier muss die Crew wirklich eine Balance des Glücks schaffen, und das wissen sie auch: Selbstverständlich beruhigt Alkohol die Nerven, gerade auf Langstreckenflügen, und stellt viele Reisende ruhig oder lässt sie sogar einschlafen. Auf der anderen Seite: Ein paar Gläser zu viel, und aus den friedlichen Reisenden wird ein Junggesellenabschied in Phuket oder ein krakeliger Senator mit der Lizenz zum Nölen. Das ausgewogene Verabreichen von Gift erfordert die Talente einer mittelalterlichen Heilerin kombiniert mit der Hemmungslosigkeit einer Nachtschwester in der sechsten Überstunde und führt oft zu den sicher unangenehmsten Momenten im Flugzeug. Mein Vorschlag zur Güte: Schlaftabletten austeilen statt Alkohol! Ein leicht verträgliches Schlafmittel am Anfang der Reise statt der Nüsse, und man erspart sich viel Ärger, Blähungen, Stress und Tomatensaft! Am Schluss der Reise werden alle Passagiere durch eine sanfte Nackenmassage »zurückgeholt« und mit einem doppelten Espresso fröhlich in das Ankunftsziel hinausgeschickt. Wenn man die Tradition der Scheinwahl fortsetzen will, kann man ja zwei unterschiedliche Medikamente anbieten. Und mit solchen Drogen würde der Slogan der Lufthansa endlich Sinn machen: There is no better way to fly …

Kapitel 16
HUGH GRANT UND ICH
(In-Flight-Entertainment)

D ie Security-Show der Crew bleibt Gott sei Dank nicht die letzte Entertainmentchance auf einem Flug. Im Gegenteil, gerade bei internationalen Langstreckenflügen überschlagen sich in den letzten Jahren die Möglichkeiten, das lange langweilige Sitzen durch charmantes Divertissement aufzumöbeln. Und je nach Wachheitsgrad gibt es da sehr unterschiedliche Möglichkeiten.

Fangen wir mal bei der Stufe »Frisch an Bord« an. Hier hat das Entertainment direkt nach der Security-Show leider einen deutlichen Hänger. Während man auf Essen und Tomatensaft wartet, gibt es erst einmal nur eine Art Kunstouvertüre auf den Monitoren zu sehen – eine Liste mit Zahlen, eine Nam-June-Paik-hafte Videoinstallation über die Daten des Fluges, möglicher Arbeitstitel »Numbers IV«. Immer und immer wieder wechseln vor unseren Augen die entscheidenden Daten des Fluges ab: Flughöhe, Flugdauer, verbleibende Flugdauer, Zeit ab Abflughafen, Zeit am Zielflughafen, Geschwindigkeit, Außentemperatur … und wie die Karnickel starren wir auf diese Zahlen und machen ein höflich interessiertes Gesicht wie ein Kinopublikum der fünfziger Jahre beim Vorfilm vor dem Hollywood-Hit. Nun gut – die Daten über die Zeit ergeben noch eine unterhaltsame Rechenaufgabe, ein bisschen so wie früher in Mathe: Wenn wir um 16 Uhr 05 in Frankfurt abgeflogen sind und um 8 Uhr 30 in New York landen, jetzt vier Stunden in der Luft sind und die verbleibende Flugdauer noch sechs Stunden beträgt – wie viele Stunden Zeitunterschied liegen dann zwischen Frankfurt und New York? Ich liebe die Rubrik »Verbleibende Flugdauer«. Die »verbleibende Flugdauer« sagt mir etwas, was in der Schule nie gesagt wurde, nämlich dass es scheißegal ist, wie viele Zeitzonen zwischen Deutschland und der amerikanischen Ostküste liegen – Hauptsache, wir sind in sechs Stunden da! Die Antwort hätte meine Mathelehrerin nie durchgehen lassen. Die Zeit am Abflughafen und am Zielflughafen ist mir völlig einerlei. Und wenn ich am Ende meine Uhr umstellen muss, frage ich meinen Sitznachbarn.

Etwas Sorgen macht mir immer die Rubrik »Außentemperatur«. Jetzt mal im Ernst – WEN INTERESSIERT DAS? Wer will genau wissen, wie viele Minusgrade draußen vor dem Fenster in dieser Höhe herrschen? Auch hier greift das Schulbild wieder sehr gut, denn wir erinnern uns, in jeder Klasse gab es doch genau einen Schüler, immer männlich, den das SEHR WOHL interessierte! Das war der, mit dem man nur sprach, um bei ihm die Physikhausaufgaben abzuschreiben. Dessen Hauptsportart in der Schule das Hereintragen der Erdkundekarte war. Der Nerd, mit dem kein Mädchen sprach, der Cord als Hosenmaterial schätzte, weil es die Säureflecken aus dem Chemielabor aushielt, und der ein einziges Mal kichernd und mit hochrotem Kopf einen »Playboy« aus dem Schulranzen zog. Mit 18. Und genau so einer sitzt anscheinend auch heute wieder drin, in jedem Flugzeug, und für den wurde diese Außentemperaturrubrik im Documenta-Teil des In-Flight-Entertainment eingeführt! Wenn Sie ihn suchen – er sitzt nicht bei Ihnen in der Eco, sondern sicher in der Business oder First …

Und erinnern Sie sich noch an seinen Kumpel, den »Tüftler«, der immer etwas erfand, was keiner in der Klasse brauchte, zum Beispiel einen klappbaren Schulbuchhalter aus Draht – der hat hier auch etwas beigesteuert, nämlich DIE KAMERA AN DER SPITZE DES FLUGZEUGS! Der YPS-Gimmick des

Flugverkehrs! Damit kann man auf Kanal 12 sehen, WAS DER PILOT SIEHT (wenn der nicht gerade Zeitung liest oder den »Playboy«)! TOTAL SPANNEND! Wolken, Wolken und noch einmal Wolken. ABER MAN SIEHT, WAS DER PILOT SIEHT! Menschen, die sich für so etwas begeistern, kann man übrigens gut als Golf-Caddy oder Haremswächter einstellen, denn sie freuen sich riesig, das zu sehen, WAS DER CHEF SIEHT! Der Typ sitzt übrigens neben Ihnen, aber er wird Sie nicht stören, denn er bastelt gerade innerlich an der Kamera, mit der man sehen kann, was GERADE IM GEPÄCKRAUM los ist …

Apropos Kanal 12 – wenn Sie die Fernbedienung in der Armlehne gefunden und aufgehört haben, mit dem Ellbogen versehentlich immer die Kanäle zu wechseln, und wenn Sie Ihren Kopfhörer angeschlossen haben (mein Vielfliegertipp: immer die eigenen mitnehmen, garantiert bessere Qualität!), gibt es natürlich viele Möglichkeiten, sich schon vor dem offiziellen Filmstart in der Kabine etwas anzuhören. Zum Beispiel Comedy (jawoll!), Klassik, Pop, Country, Meditation und – Gymnastik. Auch hierzu ein Tipp: Beginnen Sie die Reise nicht mit Gymnastik im Sitzen, obwohl es sicher gut gegen Thrombose ist. Aber es sieht scheiße aus! Der Anblick von sich in der Luft drehenden Waden in Reisesocken macht auf die Mitreisenden in Ihrer Reihe vor dem Essen sicher gar keinen guten Eindruck. Lieber später mal den Gang auf und ab laufen und den Getränke-Trolley als Bock zum Bockspringen benutzen – das durchblutet auch und kreiert außerdem noch eine blutdrucksteigernde Konversation mit dem Bordpersonal.

Nun aber kommen wir zum Herzstück jedes In-Flight-Entertainments – dem Film! Oder wenn Sie Business fliegen – den Filmen! Oder wenn Sie First fliegen – der 3D-Animation mit Live-Orchester! Der Film im Flugzeug ist eine ganz besondere Sache, denn nirgendwo auf der Welt verfolgen Menschen eine romantische Komödie mit Hugh Grant so aufmerksam wie im Flugzeug. Wieder der DDR-Faktor, Verknappung erhöht die Aufmerksamkeit. Weil nichts anderes los ist, will ich unbedingt wissen, warum nur die grundsympathische, aber doch leicht chaotische, verstrubbelte Hauptdarstellerin den grundsympathischen, aber echt sehr chaotischen verstrubbelten Hauptdarsteller am Schluss doch noch heiratet. Gäbe es Pornos im Flugzeug, würde auch endlich die Pornohandlung ausgiebig gewürdigt. Natürlich ist den drei grundattraktiven peroxidgefärbten Frauen heiß, so alleine in dieser Autowaschanlage in Kalifornien!

Aber Hugh Grant und Konsorten sind im Flugzeug auch SO beruhigend! Denn drei Dinge machen ein echtes In-Flight-Movie aus:

A: Man hätte nie Geld dafür ausgegeben, den Film im Kino zu sehen.

B: Es spielen Leute mit, die man schon zehn Jahre in nichts mehr gesehen hat wie Greta Scacchi oder Emilio Estevez.

C: Ein In-Flight-Movie MUSS beruhigen.

HIER EINE LISTE VON FILMEN, DIE NIE IN EINEM FLUGZEUG LAUFEN DÜRFEN:

1. Das Omen
2. Titanic
3. Stirb langsam 1-15
4. Rammstein Live in Concert
5. Airport, Airport 1975, Airport 80 – die Concorde
6. Der Film, in dem das Flugzeug abstürzt und die Überlebenden in den Anden die Toten aufessen

Vor dem »Hauptfilm« gibt es ja oft doch noch einen »Vorfilm« – und auch da ein kurzes Wort an Air Berlin: Ich möchte NICHT mehr sehen, wie Mr. Beans Kopf im Truthahn steckt! Ich habe es schon gefühlte 200 000-mal gesehen. Das ist wie diese eine Enya-CD auf deutschen Massagebänken – gerne mal was anderes! Gerne ein Vorfilm, bei dem Hugh Grant den Kopf in einen Truthahn steckt …

Erfahrene Vielflieger kombinieren bei Langstreckenflügen in der Business Class natürlich geschickt mehrere Genres hintereinander – erst eine romantische Komödie, dann ein englischer Kostümfilm, in dem es eigentlich nur um Vorhänge geht, und dann noch eine deftigere amerikanische Komödie gegen Ende der Reise, bei der ein dicker Junge viel furzt. Das hält dann noch wach und erinnert an den Anfang der Reise.

Eine andere Möglichkeit für Live-In-Flight-Entertainment sind sicherlich auch mitreisende Kinder! Es ist schon erstaunlich, wie oft ein Vierjähriger einen Klapptisch auf- und zuklappen kann oder wie laut doch das Geräusch der auf- und zugehenden Gurtschnalle sein kann, wenn man direkt neben der kleinen technisch interessierten Eileen schlafen will. Aber da die Kinder den Flug genauso wenig schätzen wie Sie die Reise neben den Kindern, ist es, zumindest psychologisch gesehen, eine Pattsituation. Keine Pattsituation war eine Szene, die sich tatsächlich auf einem Flug der Egypt Air von Abu Dhabi nach Kairo ereignete, eine

Szene, die für mich in der Kategorie »Überraschendster Live Act in einem Flugzeug« immer einen Preis gewinnen würde: Mitten während des Flugs spazierte auf einmal ein 30 Zentimeter langes Krokodil durch die Reihen! Aber noch merkwürdiger als diese unerwartete Performance ist für mich die Tatsache, dass sich nach der Landung niemand fand, dem das Tier gehörte. Also wenn jemand, der das hier liest, in Ägypten im Flugzeug mal ein Krokodil verloren gegangen ist …

Zurück zu einem Flug ohne Kroko-Show: Genau in dem Moment, in dem man normalerweise innerlich schon völlig zu erschlaffen droht, dreht natürlich die Crew noch mal mit einer absoluten Perle des In-Flight-Live-Entertainments auf: der Duty-Free-Show! Und hier IST es noch eine Duty-Free-Show und kein Travel Value. Hier sind Sachen noch billiger – und vor allem, hier gibt es Dinge, die würden Sie in Deutschland NIE kriegen. Vergessene Parfums aus den späten Achtzigern zum Beispiel (Aramis, Jil Sander) oder Zigaretten-Monsterstangen mit Selbstmordgarantie (mein Slogan für die XXXXL-Größen: »Fatalité toujours!«). Oder noch mehr Alkohol – auch als Geschenk (wobei Sie sicherlich auch Interesse erwecken können, wenn Sie eine im Duty Free gekaufte Flasche Bourbon gleich öffnen und austrinken). Und Süßigkeiten! Bei Air Berlin gibt es Biene-Maja-Anhänger und Sprachkurse. Und ein Airport-modell-Spieleset INCLUSIVE BUS (leider ohne Enteisungs-maschine)! Aber am besten sind die Shops der amerikanischen Fluglinien – dort gibt es Dinge, von denen Sie noch nicht wussten, dass es sie gibt und vor allem dass man sie im Flugzeug kaufen kann: Zelte, Motivationsschilder für Ihr Büro (»Motivation is like a flock of seagulls, it flies as a group«) und sogar Kamine!

Der beste Katalog in diesem Genre ist der SkyMall-Katalog – ein einziges Megafundstück der Woche! Ich liebe diese Firma, sie wurde 1990 gegründet und beschreibt ihr »Einkaufszentrum im Himmel« in ihrem Prospekt so: »The SkyMall catalog is seen by approximately 88% of all US domestic air passengers reaching more than 650 million air travelers annually (88% aller inneramerikanischen Fluggäste sehen ihn, circa 650 Millionen). The SkyMall brand is almost universally known among affluent and well-educated travelers who are receptive to innovative, unique products (für gutbetuchte und gut erzogene Reisende mit dem Hang zu neuen und einzigartigen Produkten).« So kann man das auch sagen.

HIER MEINE LIEBSTEN DINGE, DIE MAN IN AMERIKA WIRKLICH IN DER LUFT KAUFEN KANN – ALLE AUCH IM INTERNET BEI WWW.SKYMALL.COM!

1. **EIN UNTERWASSER-LICHTSHOW-SPRINGBRUNNEN!**
   Werbetext: »Create your own dazzling water show with the Underwater Light Show and Fountain«. Der Unterwasser-Lichtshow-Springbrunnen für 49,99 Dollar hilft sicher auch bei einer Notlandung auf dem Wasser! To attract attention!

2. **EINE ZOMBIESTATUE, DIE AUS DEM BODEN KRIECHT!**
   Die »Zombie of Montclaire Moors Sculpture« ist grau getönt und lebensgroß! Werbetext: »Not for the faint of heart ... this zombie will claw his way out of your garden plot, office, or family room corner, pleading for assistance with the most lifelike eyes you've ever seen. You'll swear you can hear him breathing!« Ein Zombie für zu Hause! So lebensecht, dass man ihn atmen hört! Da hat jemand zu lange Ann-Kathrin beim Arbeiten zugesehen und möchte ihr etwas schenken! Für nur 89,95 Dollar!

3. EIN REISEKLO FÜR HUNDE!

Werbetext: »This mat-and-tray system gives dogs a place to relieve themselves when they can't get outside for respite«. Hier macht das Luft-Shopping nun mal Sinn, denn die Hunde können ja wirklich nicht zum Gassigehen raus. Auch gut für Reisende, denen die Waschräume nicht gefallen! Und zu einem Spitzenpreis: Für 149,95 Dollar bekommt man eine Matte und ein abwaschbares Tablett!

4. RED PEDISPA!

Wirklich wahr: Ein Fußbad-System für 3500 Dollar! Ohne Worte.

5. DIVERSES:

- Hausschuhe mit Leuchtfunktion für 39,95 Dollar – im Notfall gut, wenn die Leuchtstreifen ausfallen.
- eine Uhr, die Fische findet, für 39,95 Dollar – wenn man vorher wissen will, was es zu essen gibt.
- und einen 99,9% desinfizierenden Scanner gegen Vogelgrippe für 99,99 Dollar!

Das ist wirklich himmlisches Shoppen!

Da Sie sich im Flugzeug in einem erschöpften und damit hilflosen Zustand befinden, sind Sie natürlich das ideale Opfer jeder Art von Shoppingattacke. Sätze wie »Golfbälle? Habe ich noch genug Golfbälle?« ziehen durch Ihr müdes Hirn, und so mancher Businessman lässt sich von einer hübschen Flugbegleiterin einfach mal »Fleurs du Temps« am

Arm vorführen, um nicht völlig den Kontakt zur Menschheit zu verlieren.

Aber wenn gar nichts mehr geht, wenn nun alle Filme vorbei sind, das »Essen« gegessen, die sedierenden Alkoholika vernascht, der Zombie gekauft und man immer noch nicht am Ziel ist – dann gibt es nur noch eine Attraktion an Bord: das kleine tapfere Flugzeug.

Das kleine tapfere Flugzeug ist mein Lieblingsdarsteller auf der großen kleinen Bühne des In-Flight-Entertainment. Es fliegt wie eine Figur aus einem Märchen von Hans Christian Andersen vor unseren Augen auf dem Monitor über die Weltkarte und zeigt uns anmutig, wo wir gerade sind. Nach einem Liter Rotwein und zwei Stunden mit Hugh Grant werde ich manchmal existenzialistisch-melancholisch, wenn ich das kleine tapfere Flugzeug sehe. Denn es ist ja eigentlich das Flugzeug, in dem wir gerade sitzen, nur von oben gesehen. Es sind wir, durch das Auge Gottes gesehen. Und wann kann man schon einmal sehen, wie eine höhere Macht oder der Satellit uns sieht – klein und unwichtig ziehen wir auf unserer Linie durch die Luft, irgendwo im Nichts zwischen zu Hause und Fremde, und lernen dabei neue Städte auf der Erde kennen, über die wir bisher nichts gewusst haben: Vilnius zum Beispiel oder Key Largo oder Memmingen. Leicht trudelt unsere kleine Schachtel voll von Flugbegleitern, Mikrowellen, schlechtem Kaffee und Aramis durch die Welt – hoffnungsvoll und frohgemut, und wenn dann noch vor der Cockpitkamera auf Kanal 12 die Sonne aufgeht, dann ist doch alles gut. Denn das kleine tapfere Flugzeug zwischen gestern und morgen hält die Linie. Und der Himmel schaut zu.

Kapitel 17

TURBULENZEN
(Emergency)

Bing!!! »Der Kapitän hat die Sicherheitsgurtanzeige betätigt, und wir bitten Sie jetzt, sich anzuschnallen …« Mit diesem kleinen Geräusch mitten im Flug und dem darauffolgenden Satz endet auf einmal die Ruhe im Flugzeug, und drängende Angst und Fragen kommen sofort hoch: Ist das jetzt gefährlich? Droht ein Absturz? Und wenn ein Absturz droht, möchte ich mit diesen Menschen um mich herum wirklich abstürzen? Und wenn ich gerettet werde, was habe ich für Unterwäsche an?

Mit diesem kleinen »Bing!!!« wird uns immer wieder schlagartig klar, dass wir nicht gemütlich zu Hause sitzen (gut – zu Hause hätten wir mehr Platz und besseres Essen), sondern in einer kleinen Schachtel hoch über der Erde. Der Blick auf die Außentemperatur macht es nicht besser. Erfriert man sofort bei 30 Grad minus, oder hat man noch Zeit, nach unten zu fallen und in die Pfeife zu blasen?

Meistens passiert ja Gott sei Dank nichts, und diese wenigen Minuten der Urangst waren nur »Turbulenzen«. »Turbulenzen« gehören zum Leben, und wenn sie vorbeigehen, ergibt sich nach kurzem ein so gutes und fröhliches Gefühl, als ob nie was gewesen wäre. So ist der Mensch im Kopf, eben noch todesnah und drei Minuten später wieder gemütlich und gefräßig. Und alles wegen dem »Bing!!!«

Wenn ich Flugbegleiter wäre, würde ich das »Bing!« häufiger drücken. Auch als Retourkutsche – denn wenn ein Passagier irgendetwas will, seine Decke kratzt, oder er mag Hugh Grant nicht, muss ich ja auf sein »Bing!« springen (wieder ein Tipp:

Meistens liegt der Lichtknopf über dem Kopf direkt neben dem Rufknopf für die Crew, nicht verwechseln, einmal öfter checken, bevor man drückt, schadet nicht). Ich würde ab und zu »Bing!« machen, um zu zeigen, wer hier das Sagen hat. Und um ein fröhliches Aufstehen/Hinsetzen-Spiel zu inszenieren.

Ich wäre aber sowieso kein guter Flugbegleiter. Ich würde missliebigen Passagieren immer die unangenehmen Wahrheiten sagen, zum Beispiel, dass das Licht während Start und Landung deswegen gedimmt wird, damit sich die Augen im Notfall schon auf die schlechten Lichtverhältnisse einstellen und so keine Zeit verloren geht. Oder dass es für UNS bei internationalen Flügen Betten in den Flügeln gibt und wir uns so zwischendurch entspannt hinlegen können, während EUCH in der Economy der Kopf gegen die Scheibe rutscht. Oder dass viele Dinge, die ihr am Flughafen im Travel Value gekauft habt, teurer sind als in eurem eigenen Supermarkt …

Ich wäre manchmal eine bad dolly. Ich würde Kindern Spielzeug wegnehmen anstatt geben, Toiletten absperren und Kotztüten nur über Lautsprecheransage herausgeben. Ich würde den Trolley mit den Getränken so langsam durch den Gang schieben, dass Menschen in der Mitte des Flugzeugs vom Hingucken trockene Lippen bekämen, und dann würde ich ihn auch ab und zu wieder zwei Meter zurückschieben. Einfach so. Damit es spannend bleibt.

Wenn der Vorhang an meiner Galley, also der kleinen Küche vorne, zu ist, möchte ich nicht gestört werden. Ich würde dort in meiner privaten mitgebrachten Espressomaschine guten Kaffee machen und zwar so, dass der Duft durch den Vorhang noch vorne kommt, aber nicht der Kaffee. Ich würde Fotos von Reisenden machen, die mit offenen Mund schlafen und die groteskesten davon auf die Videomonitore werfen. Ich würde mit den Kollegen und Kolleginnen laut hinter dem Vorhang

Sex simulieren, nur damit die Senatoren mal ins Schwitzen kommen. Und natürlich wären die Ansagen meine Domäne. Mit tiefer, pilotenhafter Stimme würde ich immer kleine Gags in die Kabine schicken, um die Stimmung etwas aufzulockern. In diesem Punkt bin ich übrigens nicht der Einzige, wie die folgenden wahren Zitate aus Ansagen in deutschen Flugzeugen belegen:

>>Bitte achten Sie vor dem Aussteigen darauf, dass Sie kein Gepäck vergessen. Alles, was Sie an Bord lassen, wird gleichmäßig unter den Flugbegleitern aufgeteilt. Bitte lassen Sie keine Kinder und Ehegatten zurück.<<

>>Wir weisen darauf hin, dass es sich um einen Nichtraucherflug handelt, für die Raucher unter ihnen öffnen wir nachher unsere Terrassen links und rechts und zeigen dort den Film ›Vom Winde verweht‹.<<

>>Nach dem Aufstehen legen Sie bitte die Sitzgurte wieder kreuzweise übereinander. Den mitgebrachten Müll nehmen Sie mit nach Hause und entsorgen ihn entsprechend der Vorschriften. Die beiden letzten Passagiere melden sich am hinteren und vorderen Ausgang; dort stehen Staubsauger bereit für die Innenreinigung. Außerhalb des Flugzeuges stehen drei Hochdruckreiniger für die Außenreinigung. Die Passagiere, die diese Aufgabe übernehmen, erhalten 12,5 Meilen gutgeschrieben.<<

Ich wäre bestimmt nicht immer ein netter Flugbegleiter. Aber oft wären auch die Passagiere selbst schuld. Es gibt so blöde Flugreisende! Wie diese wahren Anekdoten aus einem Internetforum für Flugbegleiter deutlich machen:

Vor etwa acht Jahren auf einem Charterflug; eine Passagierin drückt auf den Attendant Call. Ich gehe hin und frage, was sie möchte.

»Ich hätte noch gerne eine Tasse Kaffee«, antwortet sie.

Daraufhin drücke ich auf den Attendant Call, um ihn auszuschalten; die Dame nimmt ihre Tasse und hebt sie Richtung Luftdüse.

Überrascht fragte ich sie, was sie täte, und sie sagt nur: »Ich warte, dass der Kaffee rauskommt!«

Oder:

Die Gäste hatten grade die Speisekarten bekommen, da fragt eine Nigerianerin:

»Kaviar, what is this?«

FB: »These are fisheggs, Madam.«

Frau: »O.k., give me two.«

Oder:

Gast: »Könn Se mal kommn?«

FB: »Ja, bitte?«

Gast: »Na, det Licht da draußen ...«

FB: »Was ist damit?« (Der Gast meint die Lichter am Ende der Tragflächen)

Gast: »Ick beobachte det schon seit zwee Stunden.«

FB: »Tatsächlich?«

Gast: »Da drüben, uff der anderen Seite, is da ooch noch son Licht?«

FB: »Aber natürlich.«

Gast: »Aha, verstehe. Eskorte, oda wat?«

FB (mühsam um Fassung ringend):

»Wir werden wie üblich von zwei Tragflächen eskortiert.«

Oder auf einem Flug von STR nach FRA:

Passagier: »Liegt Frankfurt höher als Stuttgart?«

Purser: »Verzeihung, wie meinen Sie das?«

Passagier: »Ich habe das Gefühl, dass wir nur bergauf fliegen.«

Ich wäre nicht immer ein netter Flugbegleiter. Deshalb bleibe ich auch lieber Passagier. Wenn mich nach diesem Buch noch jemand mitfliegen lässt.

Die größte Angst im Flugzeug jenseits von Turbulenzen ist seit dem 11. September sicher die Angst vor Terroristen an Bord. Und ich verstehe das völlig, aber trotzdem empfinde ich viele der Blicke, die muslimisch aussehende Reisende im Flugzeug streifen, inzwischen schon wieder als diskriminierend. Bitte bedenken Sie: Der Mann und die Frau, die dort im langen Gewand und mit Burka sitzen, haben schon einen bestimmt recht anstrengenden Sicherheits-Check hinter sich und wollen sich jetzt erholen! Giftige Blicke oder panisches Umsetzen erleichtern ihnen nicht die Reise! Und deshalb empfehle ich an dieser Stelle: die Solidaritätsburka! Packen Sie einfach eine Soli-Burka aus leichtem Baumwollstoff ins Handgepäck und werfen Sie sich diese an geeigneten Orten über – am Check-in, bei der Durchleuchtung oder im Flugzeug –, um zu zeigen: Nicht alle Muslime sind potentielle Terroristen! (Bei Flügen nach Teheran gibt es übrigens auch für Lufthansa-Flugbegleiterinnen eine »Einweg-Burka« der Airline im Flugzeug, die sie sich auf dem Weg vom Flugplatz ins Hotel überwerfen.) Knien Sie auch ab und zu einfach mal im Gang und beten Richtung Cockpit, um die Toleranz Ihrer Mitreisenden zu checken! Oder, wenn Sie gar nichts dabeihaben, wickeln Sie sich in den Waschräumen einen Turban aus den kratzigen Papiertüchern und kommen Sie damit überraschend an den Sitzplatz zurück! Und beantworten Sie die Frage »Chicken oder Beef?« immer mit »Allah ist groß!« Dann wird Ihr Flug nicht nur aufregender, sondern Sie tun auch etwas gegen Diskriminierung und für die Verständigung unter den Menschen! Und denken Sie daran: Bei der Einreise in die USA können SIE die Soli-Burka einfach abwerfen und fröhlich durch die martialischen Einreiseschalter an den mit Maschinengewehren bewaffneten Polizisten vorbeimarschieren. Abdul und Suleika aus Reihe 19 haben es sicher nicht so leicht. Also, Humor ist der Schlüssel zur Gelassenheit! Auch bei Turbulenzen!

INTERNETTIPPS FÜR TURBULENZEN:

Für leicht morbide Sicherheits-Freaks: Wenn Sie wissen wollen, wo in Ihrem Flugzeug statistisch gesehen der sicherste Sitzplatz ist: Es gibt eine Statistik von Flugzeugabstürzen und auf welchen Plätzen der einzelnen abgestürzten Maschinen die meisten Menschen überlebt haben! www.aviation-safety.net/airlinesafety/paxsafety/safestloc.php

Und für die Turbulenzen des Magens: Im Internet gibt es auch eine Seite, die Fotos von Kotztüten sammelt! Denn: Kotztüten sind Sammelware! Bei Ebay wird eine mit dem Autogramm von Jimi Hendrix für 633 Dollar gehandelt. Aalso für die Freunde des klassischsten aller Airline-Accessoires: www.mamud.com/airsicknessbags/index.htm

Und für alle, die trotz dieses humorigen Buches noch Stress haben: www.flugangstzentrum.de

Kapitel 18

NO FRILLS – NO FUN
(Die Billigflieger)

Ein Thema haben wir in diesem fröhlichen Reisebegleiter bisher großräumig umflogen – die sogenannten Billig-Airlines. Wir haben zwar schon die schönsten Zusatzgebühren genannt (zum Beispiel die angeblich geplante »Fettgebühr« von Ryanair) und auf den Stress beim Internet-Selbstbuchen hingewiesen (»München – Miami 9 Euro! Jetzt!«), aber wie es in den auf Englisch passender genannten »No Frills«-Airlines – also Luftlinien ohne Extras – wirklich aussieht, darauf möchten wir jetzt einmal gemütlich eingehen. Und das ist die erste Wahrheit: sehr, sehr unterschiedlich! Eigentlich kann man einen Flug bei Air Berlin (mit Sitzplatzreservierung, einer Art von Business Class und der garantierten Auswahl zwischen einem süßen oder salzigen Snack) gar nicht vergleichen mit einem Flug bei Ryanair (nein, deren Motto lautet nicht: Wer reinkommt, darf mit, wer überlebt, hat Glück). Trotzdem werden diese Konkurrenten zu den großen klassischen Airlines eben oft unter obigem Oberbegriff zusammengefasst, weil sie zu einem gemeinsamen historischen Moment etwas Neues boten – die Idee, wenn ich einen Flug kaufe, kaufe ich NUR den Flug, nicht eine Reise. Geschweige denn ein Erlebnis.

Obwohl, es sind schon Erlebnisse, die einem von diesen Airlines geboten werden. Eines, das alle gemeinsam anbieten, ist der von ihnen neu erfundene FLUGHAFEN, DER KEINER IST, eine meisterliche Illusion, würdig eines David Copperfield oder Hans Klok. Der FLUGHAFEN, DER KEINER IST, ist entweder ein aus Leichtmetallwänden zusammengeschraubter

Hangar, bei dem ich immer ein bisschen Angst habe, dass er umfällt, wenn das Flugzeug die Motoren anlässt oder ein alter verlassener Militärflughafen im deutschen Provinz-Nichts, der so tut, als läge er in einer echten Stadt. Frankfurt-Hahn ist so ein Beispiel. Frankfurt-Hahn wird von Ryanair und von Whizz angeflogen und liegt nicht in Frankfurt. Gar nicht. Genau gesagt liegt er auf einer Hochfläche des Hunsrück-Hauptkamms im Dreiländereck der Landkreise Bernkastel-Wittlich, Cochem-Zell und Rhein-Hunsrück zwischen Hahn, Bärenbach, Lautzenhausen, Sohren und Büchenbeuren, überwiegend in der Gemarkung Lautzenhausen. Es sind 100 Kilometer von Frankfurt-Hahn nach Frankfurt. Von dem ehemaligen US-Stützpunkt Hahn fährt man mit dem Bus zwei Stunden nach Frankfurt! Das ist so, als wenn ich als Wohnort München angebe, obwohl ich aus meinem Schlafzimmerfenster in Füssen auf Neuschwanstein schaue. Wenn man übrigens in Füssen wohnt, kann man mit Tuifly oder Ryanair am Flughafen Memmingen landen – der von Ryanair wiederum als München-West vermarktet wird! Für die nur einmal pro Woche aus Antalya ankommende Maschine reisten 2007 noch regelmäßig Zollbeamte aus dem Bayerischen Wald an, um in »München-West« die nötigen Kontrollen vorzunehmen. Ein anderer Fall ist zum Beispiel Oslo-Torp (angeflogen von den üblichen Verdächtigen Ryanair und Whizz), auch von da ist es mit 120 Kilometer Entfernung noch mindestens zwei Stunden in die echte Stadt Oslo hinein, die natürlich auch einen echten Osloer Flughafen hat, nämlich Oslo-Gardermoen. Das wäre ja alles nicht so schlimm (und es ist ja auch supergünstig, wenn man nicht fett ist und ein Surfbrett dabeihat), aber es ist doch oft verwirrend, besonders, wenn man zum Beispiel ein ausländischer Student ist, der durch die Kraft der Billigflieger Europa oder Deutschland kennenlernen will. Da hat man nun vom Bankzentrum

Deutschlands gehört, den Hochhäusern und dem pulsierenden kulturellen Leben – und steht dann in Hahn (ohne Frankfurt) auf dem Acker und wundert sich. Und besteigt– einen Bus! Denn an eine Bahnanbindung oder gar S-Bahn ist in Hahn (Bevölkerungsdichte: 168 Einwohner, 32 Einwohner je km²) natürlich nicht zu denken! Und dafür hasse ich die Billig-Airlines und ihre neu erfundenen Pseudoflughäfen wirklich: SIE HABEN IN DER FLUGREISE NOCH EINEN WEITEREN BUS EINGEBAUT!

Ein zweiter Punkt bei den No-Frillsern ist der Hauptgrund, warum sie den Flug so günstig anbieten können: die kurzen Parkzeiten. Also die Zeit für »Scheiße raus, Essen rein«, wie es in Fachkreisen heißt, oder von mir abgekürzt die SCH. RAU.E.REI.-Zeit wird immer kürzer berechnet – und so sehen Essen und Toiletten bei diesen Airlines auch oft aus, oder wie meine Oma sagen würde: »Nicht mit dem Finger unter die Kanten fassen!« Was dadurch jedoch erreicht worden ist, ist eine neue Betriebssportart, die es früher auf dem Flughafen nicht gab: die Clean Olympics! Sie müssen mal vom Warteraum aus beobachten (und das können Sie oft, denn Sie warten ja viel), wenn das No-Frills-Flugzeug (verspätet) gelandet ist und nun das Reinigungsteam die Zeit durch sportlichen Ehrgeiz und Angst um den Arbeitsplatz wieder wettmachen muss. Wie zum Startschuss stehen kleine Drei-bis-fünf-Manntrupps in Kitteln und mit Mundstaubschutz bereit, um mit Müllsack und Schrubber ihre neuen sportlichen Herausforderungen in Rekordzeit zu bestehen.

HIER EINIGE DER NEUEN CLEAN OLYMPICS SPORTDISZIPLINEN:

1. Zeitungen in Mülltüten stopfen – Rekord: 3,30 Min.
2. Safety Cards gerade einsortieren und geklaute ersetzen
   – Rekord 6,20 Min., als psychologisches Problem für
   den Sportler der dauernde hemmende Gedanke: »Wer,
   um Himmels willen, klaut Safety Cards?«
3. Sicherheitsgurtmuster auf dem Sitz legen – die ästhe-
   tische Kür, hier zählt die B-Note.
4. Hauptgang ohne Bandenkontakt durchsaugen – Rekord
   0,50 Min., Yussuf Mtuli, Berlin-Tegel.
5. Plastikflaschen einsammeln, Rekord: Jürgen Trittin.
6. Klos auffrischen – Rekord 0,10 Min., Raumspray-
   Doping.
7. Flugbegleiter-Slalom – lauf um Lurchi rum, hier helfen
   Plastikschuhüberzieher für bessere Gleitfähigkeit.
8. Luftdüsen ausdrehen – Rekord: Helga Kremp, Hahn,
   50 pro Minute.
9. Überschminkten Flugbegleiterinnen über das Gesicht
   wischen – Rekord: Yussuf Mtuli, Berlin-Tegel, disquali-
   fiziert.
10. Klappen an Fenstern hochschieben, Rekord: Herbert
    Meier, 80 pro Minute, wahnsinnig geworden, Geistes-
    heilanstalt Hahn.

Es ist schon erstaunlich zu sehen, wie dieselben Abläufe, die bei Lufthansa in Ruhe und mit Gelassenheit ausgeführt werden (innen wachen ja Gate-Wächter und -Wächterinnen ungerührt über die Verspätung und ihre Kinder), bei den Konkurrenz-Airlines in sportlichem Tempo durchgejagt werden, was aber oft dazu führt, dass diese Flugzeuge sogar pünktlicher abfliegen. Manchmal gibt es jedoch auch absurde No-Frills-Gate-Erfindungen – zum Beispiel, dass man sich nach Nummern sortiert am Gate aufstellen muss und dann doch alle gleichzeitig über die Startbahn rennen, um sich die besten Plätze zu sichern. Aber der Gipfel der Clean Olypmpics war sicher erreicht, als sich einige Billig-Airlines entschlossen, diese gesamte Arbeit einfach auf die Reisenden zu übertragen! Der Anblick, wenn Flugbegleiter am Schluss einer engen Horrorreise mit der blauen Mülltüte durch die Kabine kommen und einen bitten, selbst alle Zeitungen und sonstigen Dinge in diese Tüte zu werfen, ist für mich der absolute Tiefpunkt der modernen Flugkultur. Es wurde sogar einmal eine Passagierin, die sich in eine Kotztüte erbrochen hatte (No-Frills-Food …) gezwungen, diese Kotztüte den ganzen Rest des Fluges auf dem Schoß zu behalten und dann selber aus dem Flugzeug zu tragen. Das ist für mich ein wahres No-Frills-Werbeplakat: eine Frau, die in ihrem Sitz eine volle Kotztüte umklammert, während ein Typ in einer nach Kotze designten braunen Uniform kühl vorbeigeht …

An dieser Stelle auch etwas zu den Leuten, die bei den Billigfliegern arbeiten: Es ist schon klar, dass man keine jahrelange Ausbildung braucht, um mit einer Mülltüte in der Hand an sitzenden Leuten vorbeizugehen. Trotzdem – sehen Sie es mit den erfahrenen Augen, deren Sorgenfalten unter massivem Concealer verborgen sind, einer Lufthansa-Purserin mit 100 Jahren Flugerfahrung: Flugbegleitung kommt von begleiten, nicht von gleiten! Einfach für gar nichts mehr ansprechbar zu sein, durch die Kabine zu tigern, als wäre sie eine Art plötzlich überfüllte Putzkammer, den ganzen Hass über diese blöde Uniform auf gefesselte Menschen abzulassen, die sich nicht wehren und zum Teil nicht mal selber mehr einen geraden Satz formulieren können – das ist kein Arbeitsethos, das ist ein Jobcenter. Das ist Bushido Air. Und so sehen ja auch einige der Flugjobber bei den Billigfliegern aus – wie arbeitslose Realschüler, die sich was dazuverdienen wollen –, und das ist ja auch nicht schlimm, nur ist es weit weg von der milde-trüben, aber professionellen Choreographie einer geschulten Fachkraft.

Aber vielleicht bin ich hier wieder ein bisschen zu streng, denn wir haben ja noch nicht über einige der »Gäste« gesprochen, die der normale Billigflieger so befördert. Und da ist es natürlich so, dass der Charme und die Anmut eines zehnköpfigen männlichen Kegelclubs auf dem Weg nach Torremolinos vielleicht auch nur durch Realschüler ausbalanciert werden KANN. Hier kommt die Lufthanseatin ja manchmal an ihre Grenzen: In dem Moment, in dem diese dickbäuchigen johlenden Männer mit den lustigen Schlapphüten und den Motto-T-Shirts die Maschine besteigen, wünscht sie sicher auch ab und zu, diese lustigen Spaßgesellen würden ihre eigene Kotze lange auf dem Schoß halten müssen.

HIER EIN PAAR TIPPS FÜR REISENDE, DIE IN DER NÄHE EINER SOLCHEN GRUPPE ZU SITZEN KUMMEN. SIE HABEN DREI MÖGLICHKEITEN:

1. Umsetzen.
2. Umsetzen.
3. Widerstand aufgeben und diese Reise als Chance sehen, das gesamte poetische Oeuvre von Mickie Krause und Tim Toupet kennenzulernen.

Frauen-Kegelclubs sind übrigens oft nicht besser, besonders solche aus Nordrhein-Westfalen. Hüte und T-Shirts sind dieselben, nur die grünen Plastikperücken sind »gestylter«, und das

Make-up unterscheidet sich von den Männern durch Glitzer-herzchen und fetten Lipgloss. Hier ist nur manchmal amüsant, wenn eine solche Truppe auf den Flugbegleiterinnen-Typ Ann-Kathrin trifft. Der Tonfall, in dem die Alsterelse dann Sätze sagt wie »Kann ich Ihnen vielleicht noch IRGENDETWAS … anbieten …?«, ist eine Schauspieletüde in unterdrücktem Hass und hat die ganz Ice-Age-Ausstrahlung von Elisabeth Flicken-schildt als Königin Elisabeth in »Maria Stuart«. Da kämpfen dann alkoholisch-gute Laune gegen kalte Contenance, Karne-val gegen Führerbunker.

Inzwischen mischt sich ja aber das klassische No-Frills-Publikum, das bei Landungen klatscht, durchaus mit den Geschäftsleuten, und Billig-Airlines sind heutzutage ein de-mographisch durchaus korrektes Abbild unserer Gesellschaft, inklusive Spiegelleser und Schlumpfhut. Und deshalb mein Fazit: Jede sogenannte Billig-Airline ist anders, oft ist sie auch nicht mehr billig, studieren Sie trotzdem die stilistischen Unter-schiede zwischen den einzelnen Anbietern, und wenn Sie nicht noch mehr Bus in Ihrem Leben brauchen, fliegen Sie nicht mit Ryanair. Und noch etwas Grundsätzliches zum Thema Klat-schen bei der Landung: Man tut es einfach nicht. Man applau-diert im Leben für einen gelungenen Kunstgenuss, nicht für pures Überleben. Punkt.

Kapitel 19

BASIC FLYING
(Kleine Maschinen)

D er Anfang der Reise ist wie immer: Man packt, man freut sich, man überprüft die Dokumente, man fährt zum Flughafen, man checkt ein, man geht zum Gate – und plötzlich ist dann doch alles ganz anders.

Ich spreche zum Beispiel von den kleinen Flugfirmen in Deutschland, die seltene oder exotische Ziele anfliegen (noch exotischer als Frankfurt-Hahn) wie Sylt oder Usedom und für die es eben manchmal nur acht Passagier-Anfragen gibt. Oder sechs. Dann gibt es eben auch nur acht Sitze im Flugzeug. Oder sechs. Und darauf sind manche Reisende nicht vorbereitet. Sie haben einen Flug nach Usedom gebucht und dachten, nach Usedom fliegt eine Boeing. Und geraten dann in eine sehr, sehr kleine Maschine.

Man kann es spätestens an dem Punkt der Reise merken, an dem man auf einmal aus der ersten Etage, der Abflugs- und Einsteige-Etage, hinuntergeleitet wird auf die Parterre-Ebene der Flugbahn. Und dann durch eine Tür geht und genau darauf tritt – auf die Flugbahn. Hier beginnt die Flugerfahrung, die ich als Basic Flying bezeichne. Basic ist noch weniger als No Frills. Basic heißt, es ist alles komplett überschaubar. Der Zauber und die Mythen sind weg, und man ist auf einmal zurück in den Tagen von Charles Lindbergh und Amelia Earhart: Fliegen ist kein Lifestyle, sondern eine sehr kleine Maschine mit Flügeln und Rädern unten dran. Und auf die läuft man jetzt zu.

Vieles ist ein bisschen zu genau erkennbar beim Basic Flying in kleinen Maschinen. Der Gepäckraum im Flugzeug wirkt ungefähr so groß wie der Kofferraum bei einem Opel Astra. Man sieht auch genau, wie der Lieblingskoffer verstaut und reingequetscht wird. Der »Finger«-Schlauch ist durch eine dreistufige Treppe ersetzt. Ein lustiger Moment beim Basic Flying: Man vermisst wirklich den Schlauch! Der Einstieg ist eher ein Einkriechen und die Platzwahl sehr übersichtlich – man fragt sich, warum man überhaupt ein Ticket mit dem aufgedruckten Sitzplatz 3B bekommen hat, bei nur drei Sitzreihen und den Möglichkeiten A und B. Die gute Nachricht an dieser Stelle: Es gibt keine Mittelplätze! Der Gang IST der Mittelplatz.

Auch der Pilot und der Copilot können sich hier nicht verstecken. Im Gegenteil: Man sieht zu genau, wie sie die Außentür zum Cockpit selber aufhieven und sich hineinquetschen. Das Cockpit ist eigentlich nur ein Pit. Und die Geräusche sind alle viel zu laut – das Quietschen der Türen, das Grummeln des Motors und der Funk, den man durch die dünne Trennwand zwischen Pit und Passagier hören zu können glaubt. Basic Flying ist nichts für schwache Nerven oder Menschen mit Flugangst. Dunkle Bilder von dem Zusammenbau eines Modell-Flugzeugs und der Geruch von Uhu-Klebstoff steigen in einem hoch. Man hat das Gefühl, das kleine Spielzeugflugzeug wurde gerade erst zusammengeleimt! Oder – im worst case – das kleine Spielzeugflugzeug wurde schon vor 20 Jahren zusammengeleimt!

Ein Blick durch den Raum: Es ist keine Flugbegleitung an Bord. Das ist nicht ein Small Luxury Airplane, wie es vielleicht der Premierminister von Luxemburg zur Verfügung hat mit schicker Stewardess und Teppich, nein, der Copilot hievt gerade noch eine Kühlbox in den Raum und macht durch den Maschinenlärm hindurch pantomimisch Anschnall-Signale. Dann steigt er ins Pit und schließt die Tür mit einem Knall. Jetzt gibt es kein Zurück.

Bei Basic Flying verändert sich auch das Gefühl zu den Mitreisenden grundsätzlich. Man ist nicht mehr von ihnen genervt, sondern guckt schnell hoffnungsvoll in die anderen Gesichter, weil man sich schon im Fall einer Notlandung den kräftigsten Arm aussucht. Hier ist man eine echte Flug-Solidargemeinschaft! Ich würde sogar mit Senatoren einen Basic-Flug antreten. Nur dass Senatoren natürlich nie in solchen Flugzeugen sitzen, lieber telefonieren sie sich in der Zeit durch die First Class des ICEs. Ein paar Klassiker des Fliegens bleiben jedoch bestehen: Der Pilot spricht auch hier mit tiefer Stimme und großen Lücken bei seinen Ansagen. Nur hier stört es einen wirklich, denn man möchte die Sicherheitsansagen ja UNBEDINGT hören. Man geht davon aus, dass man sie unter Umständen braucht. Gebannt hängt man an den Lippen des Chefs (»unsere Maschine __ hat ____ einen ___ Not_____ ausgang«) und lernt die Security Card dieses Mal auswendig. Manche Frauen ziehen ihre Stöckelschuhe jetzt schon aus. Männer machen Warm-up-Schwimmbewegungen.

Ein Blick nach vorne. Für jeden kleinen Jungen in einer Boeing ist es ein Traum, hier ist es ein Alptraum: Man kann alles sehen, was der Pilot tut! Jeden Griff, jedes Lämpchen, jeden Hebel. Und es wirkt alles so – klassisch-mechanisch … Wo ist Hightech, wo sind Computeranimationen in 3D? Nein, auch ein Flugzeug ist nur eine andere Art von Fortbewegungsmittel. Es wird wie ein Auto bedient – nur in der Luft –, und wir wissen ja: Jedes Auto hat seine Macken …

Man wünscht sich in diesen Momenten so vieles zurück, was einen sonst nervt: die Security-Show in voller Länge, das schlechte Essen, ja sogar und vor allem – DIE WASCHRÄUME. Es gibt nämlich keine! Wer jetzt muss, muss sich verkrampfen bis Sylt. Also nicht zu viel aufs Wasser starren. Auch der Basic-Start ist wirklich anders. Er klingt anders, er rattert anders, er wackelt anders. Das Flugzeug wirkt nicht ganz in Balance. Sind zu viele dicke Leute auf einer Seite? Sind Pilot und Copilot überhaupt gleich schwer? Und was ist mit meinen Koffern – hat mein Koffer wegen des schweren Kulturbeutels vielleicht einen Linksdrall? Bin ich schuld am Absturz, weil mein Familientiegel Nivea zu schwer ist? Aber auf einmal ist man in der Luft. Die Räder fahren laut klackend ein, und man ist oben. Noch nicht sehr weit oben. Und auch irgendwie sehr steil oben. Aber oben. Man atmet aus.

Jedoch will sich beim Basic Flying das Gefühl der Beruhigung irgendwie nicht einstellen, das einen sonst beglückt, wenn man den Start hinter sich hat. Es bleibt laut und wacklig. Sit back and relax ist nicht. Sit straight and watch out – das schon eher. Auch die Dicke der Außenwand ist auf einmal ein sehr wichtiges Thema. Wie dünn ist eigentlich so eine Wand? Wie viele Zentimeter trennen einen von der feindlichen Außenluft? Und fliegt man nach Sylt nicht über Wasser? Ist in dem Spielzeug überhaupt genug Platz für Schwimmwesten? Und jetzt steht wirklich einer auf und holt sich aus der Kühlbox eine Cola! Der bringt doch das ganze Gleichgewicht durcheinander! Setzen, Sechs!

Ganz besonders Mutige testen ihre Basic-Flying-Fähigkeiten im Ausland. Zum Beispiel in Südafrika, wenn man eine Safari macht und zu der Safari-Lodge hingeflogen wird. Ich hatte schon mehrfach das Vergnügen – und hier ist der Wechsel vom normalen Fluggefühl zu Basic besonders krass. Denn ich landete in Johannesburg mit einem normalen, großen Flugzeug, wurde dann kurz über den Flughafen kutschiert und stand vor der Spielzeugversion. Samt sehr lustigem Personal. Man merke: Ein deutscher Pilot ist ganz anders als ein afrikanischer Pilot. Deutsche Piloten sind kühle Helden, konzentriert, sauber, eine Mischung aus Chirurg und Sascha Hehn. Afrikanische

Piloten sind – lustig! Eine Mischung aus Eddie Murphy und Roberto Blanco. Mit dem breitesten Grinsen seit meinem eigenen stand unser Pilot vor uns, gab jedem die Hand, nahm unsere Koffer, verstaute sie, klopfte uns auf die Schulter, scherzte und schwang sich elegant vorne in die Minimaschine. Er war alles in einem: Pilot, Bord-Show, Fremdenführer, Ranger und Alleinunterhalter. Welcome to Africa!

Jetzt habe ich als Kind viel die TV-Serie »Daktari« geguckt, und das Bild von niedrig fliegenden kleinen Flugzeugen über dem Busch samt elegant davonlaufender Zebras und Gnus ist mir aus dieser Serie sehr deutlich in Erinnerung. Und hier war es nun mal genauso wie im Fernsehen – was ja im Leben selten ist. Und deshalb ist auch nicht alles an einem Basic Flight schlecht – denn man sah die Landschaft samt Tieren, Flüssen und Gebirgen ganz fantastisch. Es ist eben etwas anderes, über einen Nationalpark zu fliegen als in Deutschland über die A1. Trotzdem wich der Genuss wieder dem Nervenkitzel, als wir beim Zielanflug den angekündigten Flughafen zu erspähen versuchten. Wo war er, der sichere Hort, die Rückkehr ins vertraute Leben, die gewohnte Umgebung zwischen Duty Free und Durchleuchtung? Nun – es war kein klassischer Flughafen, denn zu jedem Spielzeugflugzeug gibt es auch einen Spielzeugflughafen. Oder in diesem Fall: eine Hütte. Eine Hütte neben der Landebahn. Und die Landebahn – war aus Gras!

Hier war nun Schluss mit lustig, Ende Gelände, damn you, Daktari! Wir landen auf Gras??? Ich bin nun wirklich nicht flugängstlich und hatte den Flug bis dahin auch innerlich als fröhliche Achterbahnfahrt mit Aussicht behandelt, aber nun schloss ich kurz mit dem Leben ab. War schön jewesen. Bye bye Miss American Pie. Drove my Chevy to the levee but the levee was … – plumps! Aufgesetzt, ausgerollt, im Kreis gedreht, stehen geblieben. Auf Gras. Vor einer Hütte. Im Busch. Basic Flying macht den Mann aus dir. Auch aus den Frauen.

Wenn man nach so einem Buschflug noch Stufe drei beim Basic Flying einlegen will, empfehle ich den Helikopter. Das geht über jeder deutschen Großstadt. Da ist dann optisch auch kein Boden mehr unter den Füßen. Statt Landung auf Gras, fliegt man sitzend auf Glas. Und dreht sich schnell um die eigene Achse. Das war einer der wenigen Momente, in denen ich von einem Economy-Mittelplatz träumte. Also: Basic Flying is not for pussies! Aber es macht einen wieder respektvoll beim nächsten Flug von Berlin nach Mallorca. Es ist auch ein Luxus, beim Fliegen nicht alles zu erkennen und zu verstehen. Es ist wie beim Sex – man muss nicht alles sehen.

ZEHN DINGE, DIE MAN BEI EINEM BASIC FLIGHT BRAUCHT:

1. Ein Lächeln
2. Eine private Schwimmweste
3. Ein Testament
4. Eine Lupe
5. Religion
6. Ein gutes Deo
7. Jemand zum Händchenhalten, und wenn es der Pilot ist
8. Den spannendsten Krimi der Welt
9. Einen Fallschirmspringerkurs
10. Drogen (LSD, Sherry, Kiste Bier)

Kapitel 20

ARRIVAL
(Die Ankunft)

M eine Damen und Herren wir beginnen nun mit unserem Anflug auf X. Bitte vergewissern Sie sich, dass alle mitgebrachten elektronischen Geräte wieder ausgeschaltet und Ihre Tische wieder hochgeklappt sind, und bringen Sie ihre Sitze wieder in eine aufrechte Position!« Mit dieser Ansage beginnt das lang ersehnte Ende jeder Flugreise. Um es biblisch auszudrücken: »Die Zeit des Darbens und der Dürre, der Eingeschlossenheit und der Unterdrückung wird bald ein Ende haben!« Und um den Ansagetext in meinen Subtext zu übersetzen: »Laptops aus, sonst stürzen wir ab, Klapptisch hoch, es gibt nix mehr, und die Symbolik der 0,5-Zentimeter-Rückbeuge bitte wieder entsymbolisieren – wir hier vorne sind froh, dass wir Sie da hinten gleich los sind!« Und obwohl »gleich« in dieser Ansage noch bis zu 30 Minuten dauern kann, freut man sich und schaut begeistert dem tapferen kleinen Flugzeug auf dem Monitor zu, wie es seine letzten Runden dreht, und wartet auf den Moment, in dem die Zahl bei der Zeile »Flughöhe« endlich zu schrumpfen beginnt.

Dies sind die glücklichen Momente im Flugzeug. Auch die Gesichter der Crew werden heller, sie freuen sich offensichtlich, die nicht absichtlich mit uns eingegangene Bekanntschaft bald wieder aufzulösen, den Rest Sekt zu schnabulieren, und manche verrutschte Locke oder manches leicht verknittertes Halstuch wird wieder an die richtige Stelle gerückt. Sascha, Walter/ Waltraud, Svenja, Ann-Kathrin, Max und sogar Lurchi atmen durch: Wir sind alle bald da – und wir sind uns alle bald los!

Dieser gemeinsame Spirit zieht durch den Raum und macht aus Klassenfeinden Freunde und sogar aus Ryanair-Jobbern junge Menschen mit einer glänzenden Zukunft. Apropos Klassenfeinde – der tucherne Vorhang öffnet sich plötzlich wieder, einige lugen von hinten doch noch mal nach vorne auf den vermeintlichen Luxus der Umbuchbarkeit, und oben in der First steigt man jetzt auch langsam aus den Whirlpools und trocknet sich ab. Alles ist gut über den Wolken. Das Flugzeug setzt je nach Möglichkeit auf. Keiner klatscht, alles prima. Senatoren springen auf, zerren ihre Aktentaschen aus den Oberschränken und stehen schon stramm am Ausgang parat, während die Maschine noch zehn Minuten ausrollt. Ann-Kathrins Blick trotzt den drängelnden Kindern im Staubmantel kühl. Sie hatte schon recht, so einen nicht zu heiraten.

In dem Moment, in dem man die garstigste Maschine endlich verlassen darf und von Ann-Kathrin noch ein monotones hundertstes »Auf Wiedersehen!« entgegengeschmettert bekommt, ist man trotzdem immer ein bisschen traurig. Es ist, wie wenn der Löwe im Zirkus aus dem Käfig gelassen wird – einen Moment lang vermisst er seinen Käfig. Vermisst die vertrauten Umstände, die Schnarchgeräusche der Platznachbarn, die fröhlichen Lieder des Kegelvereins, ja sogar das Kind vom Vordersitz, das so ausdauernd mit einem gespielt hat. Man vermisst Hugh Grant und sein Œuvre und beschließt, sich den nächsten Film dieses freundlichen verstrubbelten Mannes auf jeden Fall im Kino anzusehen. Und man vermisst die Highlights der Flugbegleiter, die sich jetzt ihr Clinique Compact Puder abwischen und schlafen gehen. In dem Augenblick, in dem die Flugzeugtür aufschwingt, öffnet sich wieder die echte Welt. Aber es ist keine schöne Welt. Verpennt, verschwitzt und verbraucht steht man im harten Neonlicht eines weiteren Flughafens.

Nun beginnt der Endspurt. Sportlich denkt man noch einmal an die Putzteams der Billig-Airlines und legt einen Zahn zu. Laufbänder befördern einen schneller durch die glitzernden Welten der Airport-Shopping-Mall, die jetzt all ihren Glanz verloren hat. Nie würde man JETZT ein schlechtes Sandwich kaufen oder einen guten Gürtel. Jetzt heißt es: Nichts wie raus! Geliebte Menschen treffen, guten Kaffee trinken, die Luft der Freiheit schnuppern!

Aber der große Fluggott hat immer noch letzte große Prüfungen parat, und diese Prüfungen heißen Passkontrolle, Gepäckband und Zollkontrolle. Im Idealfall – beim Inlandsflug mit Handgepäck – überspringt man diese letzten drei Hürden mit einem Lächeln. Kein Pass, kein Band, kein Zoll, und schon ist man draußen. Deshalb rate ich Ihnen, so weit es geht, IMMER mit Handgepäck zu reisen. Diskutieren Sie ruhig beim Check-in eine Minute länger über die Größe, denken Sie daran, die Maße sind NICHT Gesetz, oder zahlen Sie bei den Billigfliegern so viel für die Extrakilos wie für das ganze Ticket – Hauptsache, Sie sind am Schluss schnell draußen! Es lohnt sich. Wenn die Passkontrolle unvermeidlich ist – nehmen Sie die Strecke davor extrasportlich. Jeder Meter zählt! Man kann durch das Überholen von drei schwäbischen Ehepaaren oder einem bekifften Rucksacktouristen auf den Laufbändern noch mal extrem gut Strecke machen und dann bei der Passkontrolle ein paar Plätze weiter vorne landen. Jede Minute ist kostbar! Denken Sie an Ihre letzten Bundesjugendspiele, und ab geht's! Manchmal gibt es am Flughafen kleine Wagen für Alte und/ oder Behinderte, und diese kann man manchmal vorbestellen! Tun Sie es! Oder tun Sie so, als hätten Sie plötzlich Wadenkrämpfe – das reicht! Denn dann wartet dieses hübsche kleine Gefährt schon am Gate, und sie überholen im Fahren spielend auch noch den trainiertesten Senator-Jogger! Oder sprechen Sie Senioren an, die diesen Service bestellt haben, und hängen

Sie sich einfach dran! Einmal den Arm gereicht, schon sind Sie beste Freunde und damit Begleitung! An der Passstelle dann die gleiche disziplinierte Haltung wie beim Check-in: Pass aufgeschlagen in der Hand, und wenn es zwei Schlangen gibt, nicht die mit den Müttern mit Kindern oder den Ausländern wählen – Toleranz hin, Toleranz her, hier im Endspurt dürfen Sie jetzt einfach nicht hinter der Großfamilie aus dem Jemen landen, sonst sind Sie morgen noch im Gebäude und können das Spiel von vorne beginnen.

Und damit sind wir beim wirklich letzten großen Mysterium dieses Buches und der Flugreise gelandet – dem Gepäckband. Dafür, dass es das letzte Mysterium ist, ist es aber auch ganz besonders unberechenbar und mystisch. Um allen Reisenden kurz vor dem Kuss von Oma noch einmal zu zeigen, wer hier der Boss ist, werden wir alle in einen großen abstrakten Raum gebracht, in dem plötzlich Lichter blinken, Hupen tuten, Öffnungen sich öffnen und Bänder losfahren, als würden wir noch einmal durch Gottes Geisterbahn gescheucht. Der Begriff »wie von Geisterhand« wird durchdekliniert. Wenn wir schon in der Luft nicht verstanden haben, wieso man wegen eines ausgeklappten Tischs bei einer Notlandung sterben kann, wird man hier endgültig auf die Prüfung des Rationalen gestellt. Manchmal muss man zu Band 4, und nichts passiert. Manchmal muss man zu Band 8, und die Koffer sind schon da. Manchmal weiß man gar nicht, zu welchem Band man muss, und steht da und starrt auf eine Anzeige, die einem dies verkünden will, sofern ihr danach ist. It's the final countdown. Hinter den Wänden arbeiten Menschen, die man nun nicht einmal mehr sehen darf, vielleicht die Brüder der Zerberas aus der Lounge oder Concorde-Zombies – wiedergeborene Angestellte eingestellter Fluglinien. Sie lassen Tore auf- und zufahren, betätigen schrille Hupen und lassen schließlich unser Hab und Gut, unsere vor einer Ewigkeit in Obhut gegebenen und nun wieder zu empfangenden Findelkinder, unsere Koffer erscheinen – oder eben nicht. Noch einmal spielt hier das ganz große Gefühls-Roulette – und wir wissen instinktiv, die Chancen, dass wir das bekommen, wofür wir bezahlt haben, waren nie so schlecht wie jetzt.

Auch hier am Gepäckband gibt es wieder zwei Typen von Menschen – ähnlich dem Gang- und dem Fenstertyp. Der Gangtyp geht DIREKT zum Orakel, zum Loch in der Wand, AUS DEM DAS GUTE KOMMEN WIRD, und stellt sich Fuß wippend davor. Vorsicht, wenn Sie einem Kofferbandanfangs-Typ den Weg kreuzen oder sich gar noch später dazukommend vor ihn stellen. Auch am Ende der Reise kann es noch Tote geben. Das Äquivalent zum Fenstertyp stellt sich da ans Band, wo die gedachte gerade Linie der gelaufenen Ankunft im Ge-päcksaal auf das Band trifft. Wenn dort schon einige andere ge-lassene Kofferband-Typen stehen, geht er WEITER WEG vom Orakelloch, um zu zeigen: Auf die paar Minuten kommt es mir nun auch nicht mehr an! Ich bin auch nach acht Stunden Flug noch ein ausgeglichener Gemütsmensch. Innerlich scheinen sich diese Menschen eine Zigarette anzustecken, auch wenn sie gar nicht rauchen.

Apropos Raucher – die kann man zu diesem Zeitpunkt der Reise ja eigentlich schon von der Wand abkratzen. Sie stehen, nervös zuckend und die Zigarette in der Hosentasche schon im Anschlag, symbolisch auf halbem Weg zwischen Gepäckband und Ausgang, damit ihre Suchtsynapsen den Luftzug der Au-ßenwelt und den nächsten vollen Aschenbecher schon spüren können. Nette Freunde von Rauchern sagen natürlich an dieser Stelle der Reise den magischen Satz »Geh du schon vor, ich kümmere mich ums Gepäck« und ernten so Freundschafts-Bonuspunkte fürs ganze Leben.

Einige unter Ihnen werden sich jetzt in diesem magischen Saal der Bänder und Löcher vielleicht eine wichtige Frage stellen: Woran erkenne ich denn bei geschlossenen Tabernakeltüren, von welcher Seite mein Hab und Gut kommen wird? Aber, Ihr Lieben, dafür bin ich ja da: Jedes Gepäcklaufband hat als geheimes Zeichen Rundungen, die im Band eingraviert sind – und in die Richtung, in die sie sich wölben, fließt auch das Band. Aus der Richtung, in die das Band wegfließt, kommt das Gepäck. So einfach sind die geheimen Zeichen im Tempel von Göttin Samsonite.

Und ich verrate Ihnen jetzt noch ein Geheimnis: Ich erlebe in dieser Halle bei mir immer eine Typveränderung: Ich wechsele vom gemütlichen Fenstertyp im Flugzeug zum hektischen Gepäckbandanfangs-Steher, der sein Gepäckstück fünf Sekunden, nachdem er es gesehen hat, auch schon gegriffen hat. Mysteriös sind die Veränderungen der Seele beim Fliegen …

Nun stehen wir also alle da, wartend, demütig, ich vorne am Loch, Sie vielleicht entspannt am Ende des sich schlangenförmig windenden heiligen Bandes (die Schlange ist das Symboltier der Gepäckgöttin). Und warten. Und warten. Nun gibt es da sehr große Unterschiede von Tempel zu Tempel, und es hat überraschenderweise nichts mit der Größe des Flughafens zu tun. Ich bin verwundert, dass zum Beispiel in Heathrow (sonst der schlimmste Flughafen der Welt und der einzige, für den sich eine Regierung schon einmal öffentlich entschuldigt hat) mein Koffer oft schon nach der Passkontrolle übers Band fährt, während zum Beispiel in Mykonos, wo man den Weg zum »Terminal« in zehn Schritten getan hat, das Gepäck bis zu 45 Minuten braucht, um denselben Weg zurückzulegen.

Während wir aber nun dastehen und warten, steigt diese letzte große Urangst jeder Flugreise in uns hoch: Was, wenn der Koffer nicht kommt? Was, wenn ich gleich allein, ohne

Schlafanzug und Unterwäsche zum Wechseln in einem Hotel sitze und weder richtig angekommen bin noch wieder abreisen kann (deshalb immer Unterwäsche zum Wechseln ins Handgepäck!)? Was, wenn ich mindestens einen Tag meines hart verdienten Urlaubs ohne Badehose auf den Pool vor meinem Fenster starre? Diese Gedanken sind zu brutal für den Normalmenschen. Es bleibt wie immer nur blindes Gott/Airline-Vertrauen: Er wird schon kommen.

Und meistens kommt er ja auch. Zunächst kommt natürlich IMMER ein zusammengeklappter Buggy und ein verschweißtes Kurierkuvert, das ein Mann mit wichtiger Miene vom Band nimmt. Und dann kommt sicher mein Koffer! Wenn man ihn aus den 100 anderen, identisch aussehenden Koffern herausfinden kann oder sich entschließt, Kofferlotto zu spielen und einfach einen völlig fremden Koffer mitzunehmen. Was aber, wenn nicht? Was, wenn dieser immer dünner werdende Strang der Hoffnung zu versiegen droht, wenn immer weniger Koffer in immer größeren Abständen kommen und die Gesichter der umstehenden Mitpassagiere langsam in Panik geraten? Auch hier ein ganz klarer Tipp: In dem Moment, in dem Sie denken, Ihr Koffer könnte vielleicht nicht kommen, egal aus welchem Bauchgefühl heraus, rennen Sie SOFORT zur Gepäckermittlung! Und ich meine RENNEN! Denn auch hier ist das Wichtigste: der Erste des Flugzeugs sein! Wenn Koffer fehlen, wird meistens nicht nur ein Koffer fehlen, und nichts ist schlimmer, als nach einem langen Flug ohne Koffer in einer Schlange von 14 mit-unglücklichen Mitreisenden zu stehen und zu warten, bis man drankommt. NICHTS ist schlimmer, glauben Sie es mir! NICHTS!

Der Koffer wird zu Ihnen kommen, er wird geliefert werden, nicht heute vielleicht, aber morgen oder spätestens übermorgen oder allerspätestens in einer Woche, aber das Wichtigste ist:

Sie haben sich nach all dem Stress jetzt Entspannung verdient! Luft, Freunde, ein Hotelbett! Denken Sie jetzt buddhistisch, pfeifen Sie auf Besitz, der Koffer wird Sie finden, aber jede Minute, die Sie jetzt noch in einer Schlange in einem Flughafen stehen, kostet Sie Jahre Ihres Lebens.

HIER MEHR PRAKTISCHE TIPPS ZUR GEPÄCKERMITTLUNG:

1. Sie werden gebeten, auf einem in Plastik verschweißten Blatt mit Bildern von Koffern, das aussieht, als hätte ein Sechsjähriger als Hausaufgabe in Kunst eine Collage zum Thema Gepäck machen müssen, Ihren Koffer zu zeigen. Seien Sie nicht in Ihrer Intelligenz beleidigt (liebe Senatoren) und deuten Sie einfach. Sagen Sie »schwarz«. Sagen Sie »mittelgroß«.

2. Sie bekommen am Ende der Prozedur einen ebenfalls meistens mäßig designten Zettel in die Hand gedrückt, auf der eine sogenannte SERVICENUMMER für Nach-fragen steht. Diese Nummer ist völlig sinnlos. NIE wird jemand sich beim Anruf dieser Nummer melden. Sie werden in einer Warteschleife gefangen bleiben, bis Sie sterben. Diese SERVICENUMMER DER GEPÄCK-ERMITTLUNG ist die Vorhölle der Luftfahrt. Lassen Sie sich unter allen Umständen die direkte Durchwahl der Person geben, mit der Sie gerade sprechen. Halten Sie Kontakt zu menschlichen Wesen! Lassen Sie sich AUF GAR KEINEN FALL mit einer Internetseite abspeisen, auf der Sie dann sehen können, ob Ihr Koffer schon wieder auf dem Weg von Caracas zurück nach Nizza ist. Das klingt toll, so ein bisschen CSI-mäßig, aber das

kann nur zu Ihrer zusätzlichen privaten Belustigung
dienen, wenn Sie morgen frühstücken. Wichtig ist der
menschliche Kontakt mit der Person, bei der Sie gerade
auf kleine Bilder von Koffern deuten.

3. Und: Ja, es wäre besser gewesen, Sie hätten Ihren
   Koffer mit einem bunten Regenbogen-Band oder einem
   Lillifee-Aufkleber erkennbarer gemacht. Ist trotzdem
   nicht schön, wenn er eben damit verziert auf dem Band
   neben dem ungeschmückten Exemplar Ihres Arbeits-
   kollegen herausrollt.

Und damit nun alle mit dem Servicegehalt dieses Buches zufrieden sind, hier die Statistik:

Von Europas Airlines hat British Airways 2006 die meisten
Koffer verloren. Lufthansa liegt auf Platz 3.

Die britische Fluggesellschaft habe im Schnitt 23 Gepäckstücke je 1000 Passagiere falsch gehandhabt, erklärt der Luft-
verkehrs-Passagierrat (AUC). Die Zahlen basieren auf einer
Statistik der Association of European Airlines (AEA).

Schlecht schnitten neben BA auch andere große Airlines
wie Lufthansa, Air France, Alitalia und KLM ab. Generell gelten die größeren Gesellschaften als anfälliger, da sie an den
Drehkreuzen stark präsent sind. Bemerkenswert ist aber, dass
eine kleine Airline wie Luxair mit einer halben Million Fluggäste die gleiche Verlustquote wie KLM mit über 22 Millionen Passagieren aufweist. Insgesamt gingen im Jahr 2006 bei
den 24 Gesellschaften mehr als 5,5 Millionen Gepäckstücke
verloren. Das bedeutet einen Schnitt von 15,9 je 1000 Passagiere.

Der Bericht wertete die Zahlen der 24 Fluggesellschaften aus, die Mitglied der AEA sind und Gepäckdaten bekannt geben. Ryanair und easyJet sind nicht Mitglied in der AEA.

DIE TOP-CHARTS – DIE HITLISTE DER KOFFERVERLIERER

Rang	Airline	Passagiere 2006	Verlustquote*
1	British Airways	45 554 351	23
2	TAP Portugal	7 463 113	21
3	Lufthansa	54 266 920	18,1
4	Air France	55 148 558	16,6
5	Alitalia	25 536 440	16,5
6	KLM	22 6888 094	16,4
6	Luxair	551 696	16,4
7	Iberia	33 667 918	15,5
8	LOT	3 896 300	14,8
9	Finnair	7 615 517	14,2
10	Austrian Airlines	10 947 227	13,8
11	SAS	27 074 911	13,3
12	SN Brussels Airlines	2 466 351	12,7
13	Croatia Airlines	1 569 433	11,8

14	CSA Czech Airlines	5 560 864	10,8
15	Swiss	11 340 159	10
16	Icelandair	1 820 983	9,8
17	Adria Airways	1 013 588	9,6
18	Spanair	10 560 417	9,5
19	Malev	3 212 164	8,9
20	Tarom	842 092	8,3
21	Air One	6 025 926	8,1
22	Turkish Airlines	17 095 54	4,7
23	Air Malta	1 979 615	4,4

* pro 1000 Fluggäste   Quelle: AEA

Und für mich als Autor interessant: das Laptop-Mysterium: Am Flughafen London-Heathrow gehen durchschnittlich jeden Monat 120 Laptops verloren. Die meisten landen im Fundbüro, mindestens 15 davon auf der Auktion.

Jetzt nehmen wir aber einmal an, Ihr Koffer kommt fröhlich auf dem Band dahergerollt wie ein glucksendes Baby nach dem Mittagsschlaf. Oder es wird ihm der Weg sogar noch von einem ach so sympathischen Mann freigemacht, der DA, WO DIE KOFFER RAUSRUTSCHEN, ORDNUNG macht und aufpasst, dass sich nichts staut oder verklemmt. Eine Art Geburtshelfer am Gepäckband, eine bescheidene Fachkraft mit begrenztem Repertoire, die mich aber immer äußerst fröhlich stimmt (fast das Äquivalent zu dem Mann, der am Anfang das Mäanderband aufgemacht hat!). Ein positiver Geist in der Gepäckhalle! Also, nun, da ist er ja, mein Koffer! Dann nehmen Sie ihn, drücken ihn, haben Sie ihn lieb und marschieren Richtung Ausgang. Letzte Hürde, aus dem Ausland kommend: der Zoll.

DAZU NUR KURZ, DIE OFFIZIELLE WAHRHEIT:

»Sie können Waren nur dann abgabenfrei einführen, wenn sie ausschließlich zum persönlichen Gebrauch in Ihrem Haushalt oder als Geschenk in Ihrem Gepäck mitgeführt werden«, heißt es beim Zoll-Infocenter in Frankfurt. Prinzipiell muss für Mitbringsel bis zu 175 Euro kein Zoll gezahlt werden, für Alkohol, Tabakwaren und Parfums gelten aber besondere Regelungen.

So sind entweder 200 Zigaretten oder 250 Gramm Tabak abgabenfrei, wenn der Reisende älter als 17 Jahre ist. Die Freimenge für Alkohol mit mehr als 22 Volumenprozent, also etwa Rum oder Schnaps, liegt bei einem Liter. Bei weniger Prozenten – also etwa Aperitifs – dürfen es zwei Liter sein. Gleiches gilt für Schaumwein und Likör. Zusätzlich dürfen zwei Liter Wein zollfrei eingeführt werden. Auch Kaffee bleibt nur bis zu einem Pfund abgabenfrei, der Reisende muss dabei älter als 15 Jahre sein. Für Parfum schließlich gelten 50 Gramm als Obergrenze.

Das heißt also, im besten Fall sind Sie über 17 Jahre alt und haben zwei Liter Batida De Coco dabei, zwei Liter Gavi Di Gavi und 50 Gramm »Obsession« im Gesamtwert unter 175 Euro. Wenn Sie erst 15 sind, ist Ihr zollfreies Rauschmittel das Pfund Kaffee, das höchstens 175 Euro kostet, das muss dann reichen. Im schlechtesten Fall marschieren Sie oder ein entfernter Freund von Ihnen verträumt mit einer Louis-Vuitton-Handtasche (!) in einer Louis-Vuitton-Tüte (!!), die Sie für Ihre Schwester in San Francisco gekauft haben, sichtbar am Arm hängend in Frankfurt verschlafen durch den Zoll und werden von zwei nicht unattraktiven Männern angesprochen, die Sie ansehen, als ob Sie bescheuert sind, und zahlen eine kräftige Strafe. Und die Männer haben recht: Das ist nicht schmuggeln, das ist Blödheit. Ich weiß gar nicht, welchem offiziellen »Flugexperten« so etwas Dämliches passieren konnte …

NEIN, DAS IST PRIVATBEDARF – WAS DER DEUTSCHE ZOLL SO NOCH ALLES GEFUNDEN HAT:

1. 118 Schuhe, Hamburg
2. 66 Bonbons mit Kokainextrakt, München
3. Ein ausgekochter Affenschädel, München
4. Blutegel, Stuttgart
5. Zerstampfte, zu Pillen geformte Seepferdchen, Frankfurt
6. Ein »Flamingoschwein«: Auf den Rumpf eines präparierten Schweins war der Kopf eines artengeschützten Flamingos genäht, Düsseldorf
7. Ein in Alkohol gelegter Gecko, Frankfurt
8. 90 Öldeckel von BMW, Frankfurt
9. 375 Sternschildkröten – in einem Koffer! Frankfurt
10. 16 000 Rasierklingen, Frankfurt

NOCH EIN LETZTER EXKURS:
DAS FLUG-FUNDSTÜCK DES JAHRHUNDERTS – DAS US-EINREISEFORMULAR

Ein Klassiker der On-Air-Comedy, das lustigste Stück Papier über den Wolken – wenn man nicht bei eventuellem Falschausfüllen von zehn grimmigen US-Marshalls am Einreiseflughafen zu Boden geworfen und unter Maschinengewehrgeleit wieder zurück nach Europa gebracht würde –, ist das US-Einreiseformular, das jeder Reisende für die Einreise in Amerika ausfüllen muss.

Die Fragen haben schon Tausende von Reisenden und Comedians erfreut, so auch mich. Deshalb muss man sie einfach auch hier wieder auflisten und beantworten. Und Achtung: Man kann eigentlich nur YES oder NO ankreuzen!

ORIGINALFRAGE:

Do you have a communicable disease, physical or mental disorder, are you a drug abuser or addict?
Haben Sie eine übertragbare Krankheit, physische oder mentale Störungen, missbrauchen Sie Drogen oder sind Sie drogensüchtig?

→ **Meine Antwort:** Ja, ich huste gerade einem Senator in der Business meine Schweinegrippe in den Nacken und trage dabei einen farbenfrohen Sombrero! Ich habe physische Störungen und zwar Aussetzer von Hand und Hirn bei doofen Fragen, und ob ich mental gestört bin? Weiß nicht ... Zählt die Mitgliedschaft in der FDP oder bei Scientology? Oder dass ich meine Katze mal in die Waschmaschine geworfen habe? Oder dass mir gerade eine innere Stimme befiehlt, dies zu schreiben: IHR SOLLT ALLE IM HÖLLENFEUER BRENNEN, PUSSYCAT DOLLS!

Was die Drogen angeht: A) Ich gebe nichts ab, und B) süchtig bin ich nicht, nur nach dem amerikanischen Traum, vom Tellerwäscher zum Millionär und wieder zurück in einer Lehman-Brothers-Sekunde, und deshalb möchte ich ja einreisen. Obwohl zum Thema Drogen: Vielleicht fliege ich ja gerade gar nicht, sondern habe nur die falschen Tabletten genommen ...

ORIGINALFRAGENBLOCK:

Have you ever been arrested or convicted for an offence or crime involving moral turpitude or a violation related to a controlled substance?
Sind Sie je festgenommen oder verurteilt worden wegen eines Deliktes oder eines Verbrechens wegen sittlicher Verworfenheit oder einem Delikt im Zusammenhang mit Rauschmitteln?

→ Zählt da Petting nach drei Blue Curaçao auf dem Abschlussball?

Or be arrested or convicted for two or more offences for which the aggregate sentence for confinement was five years or more?
Oder sind Sie festgenommen oder verurteilt worden zu fünf Jahren Haft oder mehr?

→ Zählt da Gymnasium?

Or been a controlled substance trafficker?
Oder waren Sie Rauschgifthändler?

→ Zählt da der Ferienjob bei McDonald's? Diese McNuggets-Soßen ...

Or are you seeking entry to engage in criminal or immoral activities?

Oder wollen Sie einreisen, um kriminelle oder unmoralische Aktivitäten zu entwickeln?

→ Ist Oralverkehr in verschiedenen amerikanischen Bundesstaaten immer noch strafbar?

ORIGINALFRAGENBLOCK (MEIN FAVORIT):

Have you ever been involved or are you now involved in espionage or sabotage?

Waren Sie je oder sind Sie gerade in Spionage oder Sabotage verwickelt?

→ Ja, ich bin Mata Hari! Mist, jetzt wissen Sie es! Und ich habe gerade das In-Flight-Entertainment sabotiert und Hugh Grant auf dem Monitor mit Filzstift einen Schnurrbart gemalt!

Or terrorist activities? Or genocide?

Oder in terroristische Aktivitäten? Oder Völkermord?

→ Das wird mir aber jetzt zu privat! Erst das Gericht in Den Haag und jetzt Sie auch noch! Außerdem war ich gerade auf dem Weg ins Cockpit …

Or between 1933 and 1945 were you involved, in any way, in persecutions associated with Nazi Germany or its allies?

Oder waren Sie zwischen 1933 und 1945 an Verfolgungen verbunden mit Nazi-Deutschland oder seinen Verbündeten beteiligt?

→ Ja, aber ich möchte mich jetzt in Miami zur Ruhe setzen. Buenos Aires ist mir zu hektisch.

ORIGINALFRAGENBLOCK:

Are you seeking work in the US?
Wollen Sie in den USA arbeiten?

→ Ja, bei der Einwanderungsbehörde! Spione, Nazis und Verbrecher jagen!

Or have you ever been excluded or deported?
Sind Sie je rausgeworfen oder deportiert worden?

→ Ja, weil ich das letzte Mal hier JA angestrichen habe. Aber: Better luck this time!

Or previously removed from the United States?
Oder sind Sie schon mal aus der Vereinigten Staaten entfernt worden?

→ Ja, denn in meinem letzten Leben war ich ein Schrank.

Or procured or attempted to procure a visa or entry into the US by fraud or misrepresentation?
Oder haben sich durch Betrug oder falsche Angaben ein Visa oder Zugang in die US verschafft oder zu verschaffen versucht?

→ Ja, denn ich bin David Beckham und habe gesagt, dass ich den Ruf des US-Fußballs in der Welt ganz nach oben bringen werde.

ORIGINALFRAGE:

Have you ever detained, retained or withheld custody of a child from a US citizen granted custody of a child?
Wurde Ihnen je das Sorgerecht für das Kind eines US-Bürgers entzogen, der das Sorgerecht hatte?

→ Ich finde immer, das klingt entweder nach Scheidung oder Kindesentführung. In beiden Fällen: Gucken Sie nicht in mein Handgepäck!

ORIGINALFRAGE:

Have you ever been denied a US Visa or denied entry in the US; or had a US Visa canceled?
Haben Sie schon mal kein US-Visum gekriegt und mussten draußen bleiben oder wurde das Visum abgelehnt?

→ Schon oft. Aber ich probier es immer wieder. Denn ich bin und bleibe Optimist!

ORIGINALFRAGE:

Have you ever asserted immunity from persecution?
Wurde Ihnen je Immunität von einer Strafverfolgung versichert?

→ Ja, aber ich komme noch mal zurück, um das zu checken. Ich trau euch da nicht ganz. Herzlich, euer: Fidel Castro.

UND DANN DER SCHLUSSSATZ:

If you entered YES to any of the above please contact the American Embasssy before you travel to the US since you may be refused admission to the US.
Wenn Sie irgendeine der oberen Fragen mit JA beantwortet haben, kontaktieren Sie bitte die amerikanische Botschaft, bevor Sie in die USA reisen, da Ihnen VIELLEICHT die Einreise verwehrt wird.

→ Vielleicht! Unter Umständen! Sie Kinder entführender, Drogen dealender Nazi, der nun hier wohnen und arbeiten will.

Was ich immer darunter schreiben möchte:
Have a nice day and fuck you too! Yours: Mata Hermanns
Aber ich kreuze wie alle brav die NOs an und füge mich. Und möchte wirklich mal jemand kennenlernen, der nicht überall NO angekreuzt hat. Bitte melde dich!

Haben wir nun wirklich alle Widrigkeiten der letzten Hürde überstanden? Jawohl, der Koffer ist da oder unterwegs, der Pass ist gestempelt oder der Personalausweis abgenickt, und der Zoll wurde respektiert und nicht für blöd gehalten, und damit strömen wir aus der Tür (obwohl wir in einigen Flughäfen noch einmal durch die Shops geleitet werden!) und betreten die Filmszene, die wir eben noch mit Hugh Grant so rührend gesehen haben: Wir sinken erschöpft unseren Lieben in die Arme, lassen die Duty-Free-Tüten zu Boden sinken und sehen aus dem Augenwinkel, wie der rheinische Kegelclub samt Schlumpfhüten singend um die Ecke wankt und wie eine ganze Truppe Trolley Dollys an uns vorbeimarschiert, prim und proper für den nächsten Einsatz über den Wolken. Wir wünschen ihnen innerlich noch ein ausgeglichenes Sexualleben und viel Spaß bei der nächsten Security-Show. Und warten auf die logische erste Frage unserer Lieben: NA, GUTEN FLUG GEHABT? Nun, ich denke – wir haben jetzt alle viel zu erzählen …

SIND SIE BEREIT FÜR DIE COMEDY CLASS?

Wenn Sie die folgenden Fragen richtig beantworten, bekommen Sie bei mir 100 000 Smiles-and-More-Punkte gutgeschrieben und werden damit Ehrenmitglied in der Thomas Hermanns Comedy Class! Enjoy!

1. Ein heterosexueller Flugbegleiter MIT ausgeglichenem Sexualleben heißt:
   A. Max
   B. Sascha
   C. Ann-Kathrin

2. Die fantastische Karen Black landete das Flugzeug erfolgreich in:
   A. Airport – die Concorde
   B. Airplane
   C. Airport 75

3. Der Rückenlehnen-Placeboeffekt findet statt:
   A. im Hirn
   B. im Steißbein
   C. im Bett

4. Senatoren sind:
   A. freundliche, gut gelaunte Mitreisende
   B. Lounge Lizards
   C. alte Römer, die gerne fliegen

5. Das Meilen-Sammelprogramm von TAP Portugal heißt:
   A. Cassandra
   B. Victoria
   C. Ingolf

6. Das Durchleuchtungsgerät kann bei Flüssigkeiten:
   A. Gift/Sprengstoff erkennen
   B. Gift/Sprengstoff nicht erkennen
   C. das Verfallsdatum erkennen

7. Duty Free heißt in Deutschland jetzt:
   A. Value Travel
   B. Travel Value
   C. Ingolf

8. Am Desk der deutschen Lounges sitzen:
   A. Gerberas
   B. Herberas
   C. Zerberas

9. Der Schlauch zum Flugzeug heißt:
   A. Finger
   B. Inger
   C. Ingolf

10. Was antwortete der Techniker von Qantas auf die Bemerkung des Piloten »Maus im Cockpit«?
    A. Guten Appetit!
    B. Die Stewardess soll zurück in die First
    C. Katze installiert

11. Der Star vieler In-Flight-Entertainment-Filme heißt:
   A. Hugh Grant
   B. Hugh Jackman
   C. Jack Who

12. Nippelringe bei der Durchleuchtung bringen:
   A. Ärger
   B. Kontakt
   C. Beides

13. Frankfurt-Hahn liegt:
   A. nah an Frankfurt
   B. nah an Koblenz
   C. nah an Köln

14. Eine Purserin ist eine:
   A. vorgesetzte Flugbegleiterin
   B. Katze
   C. Handtaschendiebin

15. Bei SkyMall gibt es nicht zu kaufen:
   A. Zombie-Statuen
   B. Hundeklos
   C. Zombieklos

16. Eine Trolley Dolly ist:
   A. eine Flugbegleiterin
   B. eine Puppe bei SkyMall
   C. eine Musicalfigur

17. Das Madämmchen mag:
    A. Louis den 14.
    B. Louis Vuitton
    C. Louis Armstrong

18. Die Waschräume an Bord sind:
    A. Räume
    B. ein Raum
    C. nicht mal ein Raum

19. Tomatensaft im Flugzeug ist:
    A. lecker
    B. nahrhaft
    C. überschätzt

20. Seat Pitch ist:
    A. ein neues Auto von SEAT
    B. der Abstand zwischen den Sitzreihen
    C. die Tonlage, in der Sitze singen

Humor ist,
wenn man trotzdem fährt

384 Seiten
ISBN 978-3-442-15549-1

»Pure Lebenshilfe.
Beglückend und erheiternd.«
Der Tagesspiegel

Die ganze Welt des Taschenbuchs
unter
www.goldmann-verlag.de

Literatur deutschsprachiger und
internationaler Autoren,
**Unterhaltung, Kriminalromane, Thriller,
Historische Romane** und **Fantasy-Literatur**

Aktuelle **Sachbücher** und **Ratgeber**

Bücher zu **Politik, Gesellschaft,
Naturwissenschaft** und **Umwelt**

Alles aus den Bereichen **Body, Mind + Spirit**
und **Psychologie**

Überall, wo es Bücher gibt und   unter www.goldmann-verlag.de

Goldmann Verlag • Neumarkter Straße 28 • 81673 München